Jesus

Mit dem Herzen denken und glauben

Dieses Buch widme ich
Dir, liebe Linda,
als Dank für treue Wegbegleitung.

Michael Broch

Jesus

Mit dem Herzen denken und glauben

kbw bibelwerk

DANKBAR …

… bin ich meinen theologischen Lehrern, die mich durch die Tiefe und die Weite ihres Denkens geprägt haben:

ALFONS AUER: *„Sittlich gut ist der Mensch, der die Wahrheit der Welt in Liebe vollzieht."*

EUGEN BISER: *„Im Anschein seiner (Jesu) äußersten Schwäche reißt Gott das tödliche Geschehen an sich, sodass auf Golgota nicht der Hass der Menschen, sondern die Liebe Gottes das letzte Wort behält."*

ALFONS DEISSLER: *„Weise ist also nur, wer Ehrfurcht vor der gottgarantierten Würde des Menschen und seinen Menschenrechten hat und diese Ehrfurcht auch praktiziert."*

KARL AUGUST FINK: *„Von den vielen Möglichkeiten des frühen Christentums ist nur Weniges geblieben, und dieses wurde bei aller Relativität als das wahre Christentum ausgegeben."*

HERBERT HAAG: *„Christentum und Freiheit sind zwei Größen, die das Gleiche bedeuten müssten."*

ERNST KÄSEMANN: *„Die am Lautesten vom Geiste Gottes reden, werden am wenigsten von ihm umgetrieben."*

HERBERT LEROY: *„Der Heilige Geist bringt nichts Neues, sondern das rechte Verstehen Jesu."*

JOACHIM KÖHLER: *„Die Geschichte ist der größte Feind der Planer, der Systematiker, der Ideologen."*

HANS KÜNG: *„Gerade meine Kirchenkritik kommt wie die so vieler Christen aus dem Leiden an der Diskrepanz zwischen dem, was dieser geschichtliche Jesus war, verkündete, lebte, erkämpfte, erlitt, und dem, was heute die institutionelle Kirche mit ihrer Hierarchie repräsentiert. Diese Diskrepanz ist oft unerträglich groß geworden."*

MEINRAD LIMBECK: *„Der gekreuzigte Jesus – weder Opfer noch Sühne noch von Gott gewollt."*

KARL HERMANN SCHELKLE: *„Die Berufung ist immer freie ... Tat Gottes."*

MAX SECKLER: *„Für die Zukunft des Christentums und seine universelle menschliche Sendung aber wird es wichtig sein, dass es im Zeichen der Religions- und Gewissensfreiheit wahrgenommen wird."*

ANTON VÖGTLE: *„... damit der uralte Flehruf das zentrale Gebetsanliegen lebendigen christlichen Glaubens bleibe: Komm, Herr Jesus!"*

Dankbar bin ich den geistlichen Persönlichkeiten, die mir stets Vorbild waren und die mich spirituell begleitet haben:
Anton Braig, Judith Jung, Winfried Huber, Anton Kner, Georg Kopp, Erich Legler, Hans Nagel, Albert Nusser, Helmut Ritz, Paul Schobel.

Dankbar bin ich den Damen und Herrn, bei denen ich gelernt habe und die mir vermittelt haben, wie religiöse Rede verständlich ist und journalistischen Grundsätzen standhält:
Katholische Journalistenschule ifp München, SWR Studio Tübingen, Michael Albus, Ambro Bakker, Martin Born, Stephan Born, Isabelle Demey, Liane von Droste, Heinz Glässgen, Bernhard Hermann, Karl-Albrecht Immel, Klemens Jockwig, Walter Kohlbecker, Peter Kottlorz, Bettina Müller-Hesse, Jörg Vins.

Dankbar bin ich meinen Kolleginnen und Kollegen und Beauftragten in der Rundfunkarbeit für ihr offen-kritisches und freundschaftliches Miteinander:
Josef Anselm Graf Adelmann, Matthias Brunner, Wolfgang Drießen, Helmut Ehrler, Dominik Frey, Günther Gremp, Kalle Grundmann, Ingobert Jungnitz, Ottheinrich Knödler, Peter Kottlorz, Helmut Krug, Johannes Kuhn, Maria Meesters, Lucie Panzer, Karl Heinz Pfeiffer, Anton Scheible, Wolf-Dieter Steinmann, Thomas Weißer, Martin Wolf.

Dankbar bin ich meinen Eltern Elisabeth und Helmut Broch, meinem Bruder Thomas sowie meinen Freunden, die mich durch ihre Art, durch ihre Ausstrahlung und Liebe geprägt haben. Ohne sie wären etliche Seiten im Buch meines Lebens nicht aufgeschlagen worden, wären manche Fähigkeiten unentdeckt geblieben: Michael Albus, Vasilios Arsoniadis, Martin Banzhaf, Dominik Grün, Karl Kaufmann, Raimund Kirschniak, Peter Kottlorz, Hans Ulmer, Else und Ernst Schwarz, Hermann Straub, Konrad Will.

INHALT

JESUS LEHRT ZU BETEN 55

JESUS IST FÜR DEN MENSCHEN DA 66

EIN WORT ZUVOR

„Gott, der Herr allein wird wissen, warum und wozu es in dieser Zeit und unter den zeitlichen Weltumständen notwendig ist, dass Christus noch immer so umschlossen, so umschleiert, mit so viel Fremdartigem und sogar Verbergendem umgeben ist; als ob die Welt, die Menschheit, den unmittelbaren Verkehr mit ihm, dem unverhüllten Christus, nicht würde vertragen können."

Friedrich Wilhelm von Schelling (1775–1854)
Philosoph
(zitiert in einem privaten Manuskript von Eugen Biser)

„Wohl mir, dass ich Jesum habe"

Johann Sebastian Bach (1685–1750)
einer der größten Komponisten und der bedeutendste protestantische Kirchenmusiker

Ein Jesusbuch schreiben, davon habe ich zwei Jahre vor meinem Ruhestand geträumt. Meine Freunde haben mich oftmals darin bestärkt.
Was das Träumen anlangt, habe ich in der Bibel ein großes Vorbild: Josef, der Mann Marias und der Vater Jesu. Im Neuen Testament wird Josef nicht ein einziges Mal zitiert. Aber etwas fällt auf: Die entscheidenden Dinge geschehen bei ihm im Traum. Sechs Geschichten werden von Josef in den Evangelien erzählt. Jedes mal sei ihm im Traum ein Engel erschienen und hätte ihm Weisungen gegeben, und er habe sie sogleich und unmittelbar befolgt.
Nein, ich halte Josef für keinen Träumer, eher für einen, der die Traumsprache versteht. Es ist doch interessant, vor gut fünfzig Jahren schrieb der Arzt und Psychoanalytiker Erich Fromm (1900–1980): „Im Traum sind wir schöpferischer als im Bewusstsein des Tages. Da entfalten wir Fähigkeiten zur Kreativität, die wir im Wachsein nicht kennen. Wir brauchen uns nicht zu verteidigen, wir brauchen uns nicht anzupassen, wir brauchen nichts zu tun, wir brauchen bloß zu sein." So weit zum Thema träumen. Doch was meinen Traum von einem Jesusbuch betrifft, so fällt der ja nicht einfach vom Himmel. Der hat einen Sitz in meinem Leben.
Für Jesus habe ich mich bereits als Jugendlicher interessiert. Drei Erfahrungen sind für mich dabei wichtig geworden. Zum einen hatte ich das große Glück, dass ich während meiner Jugendzeit hervorragenden Seelsorgern begegnet bin, für deren menschliche, aufgeschlossene Art und fundiert biblische Verkündigung ich bis heute dankbar bin.

Durch meinen Kontakt zu den Franziskanern und später zu den Franziskanerinnen bin ich auf Franz von Assisi aufmerksam geworden. Wenn es so ist, dass der beste Kommentar zum Evangelium die Heiligen sind, dann trifft das besonders auf Franziskus zu. Ganz im Geiste seines geliebten Vorbildes Jesus hat er freiwillig die Armut gewählt. Und er ist Jesus gefolgt in einer beispielhaften Liebe zu Gott, zu den Menschen – vor allem zu den Armen und Kranken – und zur Schöpfung. Auf Franz von Assisi gehen auch die Krippendarstellungen in der Weihnachtszeit zurück und die Kreuzwegstationen in vielen Kirchen. Damit hat Franz von Assisi wieder den Menschen Jesus in den Evangelien entdeckt. Er war ihm offenbar wichtiger als ein mit steifer göttlicher Hoheit umhüllter „Sohn Gottes".

Und die dritte Erfahrung: der unvergessene menschliche Papst Johannes XXIII. und das II. Vatikanische Konzil. Allen Widerständen aus den eigenen Reihen zum Trotz, ging damals ein wahrer Frühling voll frischer Luft und aufblühendem Leben durch meine katholische Kirche. Neue Gottesdienstformen sind entstanden, die Bibelarbeit blühte. Viele Katholiken freuten sich wieder, zur Kirche zu gehören und sich in ihr zu engagieren. Religionsfreiheit war ein starkes Signal nach außen. Die Ökumene, das Bemühen um die Einheit der Christen, erlebte erste Höhenflüge. Das Gespräch wurde gesucht: mit den anderen Weltreligionen, mit der modernen Welt und der Wissenschaft. Die Welt staunte! In diesem Klima bin ich Priester geworden.

Zurück zu meinem Jesusbuch. Jesusbücher gibt es sehr viele und auch sehr gute. Ich möchte nicht einfach noch eines hinzufügen. Ich möchte *mein* Jesusbuch schreiben. Und warum überhaupt ein Jesusbuch? Weil ich in meinem Leben als Christ, als Theologe und als Pfarrer immer deutlicher erkannt habe, worauf es im Christentum, in der Kirche und bei der Fülle an theologischen Themen ankommt: Mitte und Wesen des Christentums ist nicht die Bibel, auch kein Glaubensbekenntnis, kein Katechismus oder irgendeine dogmatische Lehre. Mitte und Wesen des Christentums ist einzig und allein: Jesus Christus. Und so möchte ich von Jesus schreiben, wie ich ihn kennen und lieben gelernt habe und warum ich so sehr fasziniert bin von ihm und seiner Botschaft.

Ich meine nicht den Jesus frommer Erbaulichkeit, etwa in der katholischen „Eucharistie- und Herz-Jesu-Frömmigkeit". Ich bin davon überzeugt: Jesus will nicht, dass wir ihn „anbeten", sondern dass wir ihm „nachfolgen", sprich: in seinem Geiste denken, reden und handeln.

Ich meine auch nicht den Jesus von Oberammergau und so mancher skurriler Passionsfolklore, etwa bei unseren italienischen, spanischen oder portugiesischen Freunden. Ich meine nicht den Jesus einer „Unser-Herr-Jesus-Stunden-Frömmigkeit" der pietistischen Mitchristen. Auch nicht den Jesus der offiziellen evangelischen und katholischen Passionsfrömmigkeit, die in ihren Liedern und Gebeten bis heute voll ist von Erlösungs-, Sühne- und Opfergedanken.

Ich meine schließlich nicht den Jesus, den gescheite und gestrenge Theologen und Kirchenmänner (keine Frauen!) im Laufe von 2000 Jahren in Dogmensysteme eingesperrt haben. Der Tübinger Alttestamentler Fridolin Stier hat es einmal so ins Wort gefasst: „Jesus ist nicht nur am Kreuz, er ist auch, zum zweiten Mal, im christologischen Dogma gestorben."

Meine Sympathie und Liebe gilt dem Jesus, der uns seine Freundinnen und Freunde nennt, seines Vaters geliebte Töchter und Söhne, von ihm unbedingt erwünscht und bedingungslos geliebt. Ihm gilt es, in den Evangelien des Neuen Testaments immer und immer wieder auf die Spur zu kommen. Und das in redlicher Auseinandersetzung mit exegetischen, theologischen und anderen wissenschaftlichen Forschungsergebnissen sowie im Kontext heutiger Erkenntnisse und Erfahrungen.

Ich möchte darauf näher eingehen. Ich halte den richtigen Umgang mit den Evangelien für entscheidend: Was wollten die Schriftsteller Markus, Matthäus, Lukas und Johannes sagen, wie wollten sie sich verstanden wissen – wie können wir sie heute verstehen? Das heißt: Die Texte müssen immer neu gesprochen und interpretiert werden. „Es muss das Ziel der Interpretation sein, das eigentliche Wort, das der Text sagen will, wieder lebendig und redend zu machen ..., die Kraft des Wortes für heute und jetzt wirksam zu machen" (Karl Hermann Schelkle). Es gilt, „den dem Bibeltext zugrunde liegenden mündlichen Wortklang hörbar zu machen" (Eugen Biser).

Das ist die vornehmste Aufgabe der Exegese. Das griechische Wort ist „exegesis" und bedeutet Auslegung, Erläuterung. Exegese ist die Auslegung vor allem der biblischen Texte des Alten und des Neuen Testaments. Diese Arbeit am Bibeltext fördert stets neue Aspekte zu

Tage. Sie entlarvt seit alters überlieferte und zur Gewohnheit gewordene Fehlinterpretationen und Fehlübersetzungen. Sie hält „die Fehlhaltung einer Leserschaft vor Augen, die sich einbildet, immer schon das zu kennen, was sie stets neu hören sollte" (Eugen Biser). Und sie ist ein wichtiges Korrektiv zu den Gefahren einer „Eisegese", die fromme oder dogmatische Vorstellungen einfach in einen Text hineinliest und das auch noch als allgemeingültige Wahrheit ausgibt. Das Zweite Vatikanische Konzil hat die Exegese als die „Seele der Theologie" gewürdigt.

Seit der Aufklärung im 18. Jahrhundert gibt es verschiedene Methoden, mit denen wissenschaftlich unterschiedliche Fragestellungen an die Bibel gestellt werden. Die wichtigste Methode der biblischen Exegese ist die „historisch kritische Methode". Sie hat zum Ziel, einen biblischen Text in seinem Kontext, in seinem damaligen historischen Zusammenhang auszulegen. Ohne diese Methode ist Bibelauslegung heute nicht mehr denkbar. Ihre Leistungsfähigkeit heute besteht auch darin, neue Fragestellungen zu integrieren und um vernachlässigte Aspekte zu ergänzen. So sind seit etwa 1970 als neue Ansätze zu nennen: sprach- und literaturwissenschaftliche, sozial- und kulturwissenschaftliche Fragestellungen sowie psychologische, feministische, befreiungstheologische Fragestellungen und die kanonische Exegese. Das ist der Grund, warum wir heute mehr über die Bibel wissen, als früheren Generationen das möglich war.

Doch ich glaube, dass ebenso gilt: Alle Methoden und Ansätze haben auch ihre Grenzen. Keine Auslegungsmethode kann für die Richtigkeit ihrer Ergebnisse garantieren. Sie mögen gut belegen und plausibel machen, jedoch kann keine eine neue Unmittelbarkeit zum Ursprung versprechen. Angebracht sind Bescheidenheit und ein immer neues Bemühen.

Das bedeutet im Blick auf Jesus auch, auf die Wurzeln der Wörter zurückzugehen, Jesu „Ur-Worte" in den Evangelien ausfindig zu machen. Es geht darum, sich immer und immer neu mit Jesus zu beschäftigen; ihm in den Evangelien nachzuspüren; erhellen, was in ihnen „Christum treibet" (Martin Luther), was „jesuanisch" in ihnen ist, was dem Geiste Jesu entspricht. „Wir haben eben immer neu, immer tiefer und besser zu lernen und lernen nie aus, wenn wir es mit Jesus zu tun bekommen" (Ernst Käsemann).

Um Jesus und seine „Lebensleistung" kennen zu lernen, halte ich auch das für wichtig: Erst das Zweite Vatikanische Konzil hat es möglich gemacht –, gegen alle vorherigen Restriktionen und massiven Widerstände – die Bewusstseinsgeschichte Jesu aufzurollen, nach der Entstehung seines Gottesbewusstseins zu fragen, ebenso nach der Entstehung seines Sohnbewusstseins und seiner Reich-Gottes-Botschaft.

Vor allen theologischen Erklärungen, vor allen dogmatischen und religiösen Überhöhungen spricht Jesus ganz für sich. Und so können wir heute davon ausgehen, „dass die Evangelien ziemlich zuverlässig die Lebens- und Todesumstände Jesu, seine Botschaft, sein Verhältnis zu anderen jüdischen Gruppen und sein Selbstverständnis vermitteln. Umstritten bleibt lediglich die Frage, welche seiner Worte und Taten historisch hieb- und stichfest sind" (Norbert Scholl). Also die Frage nach: „Jesus pur". Es lassen sich demnach die charakteristischen Erkennungsmerkmale Jesu, die Umrisse seiner Verkündigung, seiner Botschaft vom „Reich Gottes", die Umrisse seines Verhaltens und seines Geschicks nachvollziehen. Und das ist für den Glaubenden ausreichend und entscheidend, auch wenn nicht jedes einzelne Jesuswort als „echt" nachgewiesen werden kann.

Jesus gilt meine ganze Sympathie. Für mich liegt der Schlüssel zu seiner Bedeutung in seinem Leben. In seinem Leben scheint das Licht auf, das mich auch heute an Gott glauben lässt. Und Jesus ist für mich derjenige, dem ich seinen Gott glaube.

Und ich bin fest davon überzeugt: Wenn sich die Christen, wenn sich die Kirchen wieder an Jesus orientieren und an seiner Frohen Botschaft, dann wird die Aufmerksamkeit der Menschen für ein selbstbewusstes, aufgeklärtes und liebenswürdiges Christentum eher wachsen als schrumpfen.

ICH FRAGE JESUS – JESUS FRAGT MICH

Ich frage Jesus

„Am liebsten würde ich mal mit Jesus reden und ihn fragen: Was stimmt von dem, was man gelernt und gehört hat? Sag es mir bitte!“ –

Ich nehme an, dass ich mit dieser Frage nicht alleine bin. Was hat sich in 2000 Jahren nicht alles über der Frohen Botschaft Jesu angehäuft und den Blick auf den ursprünglichen Glauben versperrt. Allzu oft ist die Botschaft Jesu verdunkelt, verfälscht worden: in eine Drohbotschaft, in eine Botschaft der Angst. Und wie steht es um den christlichen Glauben, über den sich so viele Kirchen, Konfessionen und Gruppen bis heute nicht einig sind?

„Am liebsten würde ich mal Jesus fragen ...“ – Dieses Anliegen ist gar nicht so neu. Das Johannesevangelium erzählt von zwei Männern, die sich für Jesus interessiert haben. Als Jesus sie fragte: „Was wollt ihr?“, fragte einer der beiden eher verlegen zurück: „Meister, wo wohnst du?“ Wahrscheinlich hat die beiden nicht so sehr interessiert, wo Jesus wohnt, sondern: wer er ist, wie er lebt. Jesus hat sie nicht belehrt, sondern spontan geantwortet: „Kommt und seht!“ Und sie gingen mit ihm und blieben an jenem Tag bei ihm, heißt es dort (Johannes 1,37–39). Leider erfahren wir nicht, was sie miteinander geredet haben. Aber die zwei mussten von Jesus so begeistert gewesen sein, dass sie bei ihm geblieben sind.

Wenn man Jesus in den Evangelien nachspürt, dann lässt sich schon erahnen, warum die beiden von Jesus so fasziniert gewesen sind. Sie sind einem Mann begegnet

mit einer unvergleichlichen Ausstrahlung und mit einer Botschaft, die menschlich ist und aufatmen lässt. Eine Botschaft, die sagt, dass Gott uns gut will. Ich glaube, das sagt Jesus auch heute.
Dabei erinnere ich mich an eine Geschichte, in der sich drei Christen unterhalten, wie man einem Nichtchristen den Glauben näherbringen kann. Einer sagt: Ich würde mit ihm den Katechismus durchgehen. Der zweite schließt auch missionarischen Druck mit Drohungen und Warnungen nicht aus. Der dritte verblüfft mit seiner Antwort: Ich würde sie oder ihn zu mir nach Hause einladen. Dann wird sich herausstellen, ob sie oder er Christ wird oder nicht. – So wie es einst Jesus gesagt und getan hat: „Komm und sieh!“

Jesus fragt mich

Es ist doch spannend, welche Bilder, Urteile oder Vorurteile die Menschen so über einen haben, für wen sie einen halten. Das war zu Zeiten Jesu nicht anders als heute. Und so fragt Jesus seine Begleiter, als sie wieder einmal unterwegs sind: „Für wen halten mich die Leute?“ Vielleicht wollte er wissen, welche Ansichten und Meinungen über ihn im Umlauf sind. Ihre Antwort: „Einige halten dich für Johannes den Täufer, andere für Elija, wieder andere für sonst einen von den Propheten.“ Jesus fragt weiter: „Ihr aber, für wen haltet ihr mich?“ Da schwingt vielleicht mit: Bitte, verwechselt mich nicht! Petrus macht sich zum Sprecher und antwortet spontan: „Du bist der Messias!“ (Markus 8,27–30).

Der Schriftsteller Wilhelm Willms faltet diese Szene weiter aus:

was die leute
von IHM sagen

...

die propheten sagen
er ist ein prophet

die revolutionäre sagen
er ist einer von uns

die heiligen sagen
er ist ein heiliger

die mächtigen sagen
er ist gefährlich

die besitzenden sagen
er ist ein kommunist

...

die bürger
fühlen sich beunruhigt

die liebenden sagen
er empfindet wie wir

die verlorenen sagen
er hat uns gefunden

die hungrigen sagen
er ist unser brot

die blinden sagen
wir sehen alles neu

die stummen sagen
wir wagen es wieder
den Mund aufzutun

die tauben sagen
es lohnt sich ihm zuzuhören.“ [1]

…

Mich reizt dieser Text mir vorzustellen, wie Jesus mich fragt: „Für wen hältst du mich?“ – Ich möchte ihm sagen: „Ich halte dich für den, der mich hält und mich nicht fallen lässt, was auch immer passiert. Du bist für mich der, der für mich ist im Leben und im Sterben. Und so komme ich nicht mehr los von dir.“

JESUS ERKENNT SEINE BERUFUNG

Jesus lässt sich taufen

Wenn ich still werden kann, innerlich gelöst und ruhig, dann habe ich schon tief in mir Gedanken, Ideen wahrgenommen, die mir im alltäglichen Betrieb kaum in den Sinn gekommen wären.

So etwa stelle ich mir vor, wenn Jesus aus dem Himmel eine Stimme hört, die zu ihm sagt: „Du bist mein geliebter Sohn, an dir habe ich Gefallen gefunden" (Markus 1,7–11). Und was könnte das heißen: Gott hat Gefallen an Jesus? Ich verstehe das so: Gott erkennt sich in Jesus. Und das, was die Menschen von Jesus hören, was sie bei ihm sehen – das ist Gott selbst.
Ein Blick in die Zeit, in der Jesus gelebt hat, kann das verständlich machen: Die Römer beherrschen Israel. Einige politische Bewegungen kämpfen um Israels Befreiung. Die Priesterkaste am Tempel in Jerusalem ist selbstherrlich und hat mit den kleinen Leuten so gut wie nichts zu tun. Viele Menschen sind krank, haben Hunger, sind verelendet – gesellschaftlich und sozial. Religiös sind sie verstört und voller Angst. Da kann man sich gut vorstellen, dass sich die Menschen nach Erlösung sehnen – aus ihren Sorgen und Nöten.
In diese Zeit hinein kommt Jesus. Bei seiner Taufe durch Johannes am Jordan und während eines Aufenthalts in der Wüste erkennt Jesus seine ureigenste Berufung. War er mit einem eher widersprüchlichen Bild von Gott in die Wüste gegangen, ist er überzeugt mit einem eindeutigen, klaren Gottesbild zurückgekehrt. Hier geht für Jesus im umfassenden Sinn des Wortes „der Himmel auf". Hier wird ihm klar, was vor Gott gilt, was allein wichtig ist. Und das ist der neue Stil, wie Gott mit den Menschen umgeht und wie die Menschen mit Gott umgehen dürfen. Dieser neue Umgangsstil heißt: Vertrauen und Liebe.
Wie könnte es zu diesem überraschend neuen Gottesbild gekommen sein? Es gibt ein kaum beachtetes Wort

von Jesus, das so eigenartig ist, dass selbst die kritischsten Schriftgelehrten zögern, es dem „irdischen Jesus“ abzusprechen: „Ich sah den Satan wie einen Blitz vom Himmel fallen“ (Lukas 10,18). Für die Juden zur Zeit Jesu war der Satan nicht einfach der Verführer, sondern vor allem der Ankläger der Menschen (siehe im Buch Ijob). Der Satan hatte nach damaligem Verständnis noch immer im Himmel seinen Platz, um die Menschen wegen ihrer Sünden und Vergehen anzuklagen. Wenn dieser – gewiss nur auf Gottes Geheiß – aus dem Himmel gestürzt wurde, dann besagte das für Jesus: Gott will ganz offensichtlich keine Anklage gegen die Menschen mehr hören. Gott will nicht mehr länger der Richter sein. Gott kommt seinem Volk nicht mit Feuer und Schwert entgegen, sondern mit offenen Armen (vgl. Lukas 15,20). Der Himmel musste nach Jesu Überzeugung dem Satan von nun an für immer verschlossen sein.

Jesus sieht Gott mit neuen Augen. Und er spricht fortan ganz anders von ihm: Jesus hat den Gott, der rächt, der straft, der richtet, ersatzlos gestrichen. Ein Gott, der liebt und dann wieder zürnt, das ist der angepasste Gott menschlicher Vorstellungen und religiöser Traditionen. Dieser Gott ist zweideutig und versetzt in Angst und Schrecken. Jesus hat also nicht das bestätigt, was die Menschheit schon immer von Gott erwartet und befürchtet hat.

Es ist dies die „revolutionäre Lebensleistung“ Jesu: die Korrektur des zweideutigen Gottes hin zum eindeutigen Gott der Liebe. Jesus hat Gott ganz neu erfahren als den bedingungslos liebenden Gott und Vater. Damit hat Jesus für immer die schlimmste und folgenschwerste Angst aus den Herzen der Menschen genommen, die Angst vor Gott. So ist Jesus der größte Revolutionär der Religionsgeschichte. Kein politischer und kein Sozialrevolutionär, revolutionär war er anders als alle anderen – aufgrund seines neuen Verständnisses von Gott und von den Menschen.

Es bleibt die Tragik von 2000 Jahren Christentumsgeschichte, dass im Kampf zwischen Faszination und Entsetzen das Entsetzen vor Gott allzu oft den Sieg errungen hat – und das gegen die Erfahrung, die Jesus mit seinem Gott und Vater gemacht hat.

Jesus geht an die Öffentlichkeit und zieht durch die Städte und Dörfer. Er zeigt den Menschen Umrisse eines ganz anderen Lebens, eines Lebens, nach dem sie sich zutiefst sehnen. Er hat für sie eine Botschaft, die menschlich ist, die Ängste nimmt und die aufatmen lässt. Im persönlichen Umgang mit den Menschen lebt Jesus vor und lässt sie wissen und spüren, dass Gott ihnen gut will, dass er sie liebt, vorbehaltlos liebt. – Das erleben die Menschen als Befreiung. Bis heute, wenn sie genau das in den Kirchen erkennen können und durch das Zeugnis glaubwürdiger Christen erleben.

Das ist für mich entscheidend, warum ich Christ bin und bleibe – die Vorstellung: Der unbegreifliche Gott lässt es sich nicht in seinem Himmel wohl sein. Er überfordert uns nicht mit Gesetzen und Verboten. Er geht in der Gestalt Jesu einen Weg, den ich mitgehen kann. Das sagt mir auch: Gott ist in seinem Innersten menschlich. Menschlich im Sinne von ganz Mensch und menschlich durch Liebe.

Johannes der Täufer und Jesus

„Ihr Schlangenbrut, wer hat euch denn gelehrt, dass ihr dem kommenden Gericht entrinnen könnt?" – Wo steht denn so was Grausig-Gruseliges? Das steht im Matthäusevangelium (3,1–12). Das sagt Johannes der Täufer, eine markante Prophetengestalt zur Zeit Jesu. Es war eine Zeit, in der die Menschen in Israel auf Erlösung hofften, auf Befreiung: aus sozialem, gesellschaftlichem und religiösem Elend, auf Befreiung von politischer Unterdrückung durch die römischen Besatzer. Mit prophetischem Ernst und in schneidender Schärfe hält Johannes seinen Zeitgenossen den baldigen Weltuntergang vor Augen und das bevorstehende Gericht Gottes. Und er erschreckt die Menschen, wenn er sagt: „Jeder Baum, der keine gute Frucht hervorbringt, wird umgehauen und ins Feuer geworfen." Oder: „Die Spreu wird vom Weizen getrennt und wird dann in nie erlöschendem Feuer verbrennen."

Gibt es keine andere Botschaft? – Doch! Jesu Botschaft ist ganz anders. Und das spürte auch Johannes. Beide kannten sich. Und Jesus schätzte den Johannes. Wegen seiner Geradlinigkeit hatte ihn die politische Elite ins Gefängnis gesteckt. Und weil Jesus so ganz anders war, fragt Johannes, ob er der ersehnte Messias sei. Und Jesus lässt Johannes ausrichten: „Blinde sehen wieder, und Lahme gehen; Aussätzige werden rein, und Taube hören ..., den Armen wird das Evangelium verkündet." Jesus fügt noch hinzu: „Selig ist, wer an mir keinen Anstoß nimmt" (Matthäus 11,2–6). Jesus geht am Täufer vorbei, dessen Gerichtspredigt er mit seiner Botschaft vom bedingungslos liebenden Gott hinter sich lässt.

Wie Johannes mit dieser ganz anderen Botschaft umgegangen ist, darüber erfahren wir nichts.
Aber das beschäftigt mich: „Selig ist, wer an mir keinen Anstoß nimmt." Die Geschichte der Kirche zeigt sehr wohl, dass die Kirche recht oft Anstoß an ihrem Herrn genommen hat. Sie ist immer wieder der Gefahr erlegen, sich eher an der düsteren und Angst machenden Drohbotschaft des Johannes zu orientieren als an der Frohen Botschaft Jesu.
Wenn ich Jesus in den Evangelien nachspüre, dann bin ich fasziniert von einem Mann mit einer unvergleichlichen Ausstrahlung. Fasziniert von einer Botschaft, die menschlich ist, die Ängste nimmt und die aufatmen lässt. Eine Botschaft, die sagt, dass Gott uns gut will, dass er uns liebt – ohne Vorbedingungen. Ich glaube, das sagt Jesus auch heute.

Jesu andere Botschaft

Jesus tritt erstmals öffentlich auf und kommt sogleich auf den Kern dessen, worum es ihm geht: „Die Zeit ist voll, das Reich Gottes ist da!" Darum geht es ihm. Das ist der Inhalt seines Redens und Wirkens. Im Laufe der Zeit sind aus der griechischen Ursprache des Neuen Testaments viele Übersetzungen entstanden. Und jede Übersetzung deutet auch einen Text.
Die gängigen Übersetzungen lauten: „Die Zeit ist erfüllt, das Reich Gottes ist nahe, ist genaht, ist herbeigekommen." Das hört sich in der christlichen Verkündigung seit jeher so an: Mit Jesus, in seinem Reden und Wirken, ist das Reich Gottes angebrochen. Doch für

gläubige Juden – also auch für Jesus – war das Reich Gottes längst angebrochen. Sie warteten sehnlichst auf seine Vollendung. Entsprechend lauten nach den Regeln der griechischen Sprache (der griechische Perfekt drückt einen Zustand als etwas Andauerndes aus) und nach damaligem Verständnis diese wichtigsten Worte Jesu so: „Die Zeit ist voll, das Reich Gottes ist da!" (Markus 1,15 – Übersetzung: Meinrad Limbeck).
Da schwingt mit: Die Lage ist brisant, dringend – jetzt oder nie. So verstehen wir auch besser, warum Jesus seine Zuhörer auffordert, wachsam und bereit zu sein. Jesus und seine Zeitgenossen sahen sich in einer Zeit, in der sich das Ende von allem ankündigte. Sie erwarteten den Eingriff Gottes in allernächster Zukunft. Man nennt das: „Naherwartung" – die Vollendung des Reiches Gottes. Aus der Gegenwart aufbrechen, sich von Gott überraschen lassen – das war das Grundmotiv von Jesu Reden und Wirken, das war die Grunddynamik seines Lebens. Erst wenn wir diese Dringlichkeit spüren, verstehen wir, was Jesus sagte und was er tat.
Wir verstehen auch besser die recht unverständliche Berufung der ersten Jünger. Spontan verließen sie alles – Familie, Haus und Beruf – und folgten Jesus. Sofort sollten sie sich entscheiden. Sie haben sich sofort entschieden. Keine Zeit mehr, lange zu überlegen und sich lange zu verabschieden (Markus 1,16–20).
Mit Jesus ist das Reich Gottes nicht erst nahegekommen – es ist längst da. Aber, und das ist das Neue: Jesus hat – wie keiner sonst – seinen Jüngerinnen und Jüngern die Augen, die Ohren und das Herz für das jetzt gegenwärtige Reich Gottes geöffnet. Diese Sicht

bestätigt ein anderes Wort Jesu: „Das Reich Gottes ist (schon) mitten unter euch“ (Lukas 17,21).
Jesu dringliche Botschaft gilt immer jetzt. Jetzt sind wir berufen, in diesem Reich Gottes zu leben. Denn Jesus hat nicht beabsichtigt, die Menschen in den Himmel zu entrücken. Vielmehr wollte er durch seine Reich-Gottes-Botschaft den Himmel auf die Erde herabholen: „Wir können heute schon im Himmel, in Gottes Reich, miteinander leben, wenn wir uns untereinander mit Gott und wie Gott geben und verhalten: so entgegenkommend, vertrauensvoll und großzügig, so verzeihend und selbstlos und so voll Erwartung des gewiss guten Endes“ (Meinrad Limbeck).
In diesem Freiraum sollen wir die positiven Möglichkeiten in unserer kleinen und großen Welt entdecken und aufspüren. Sehen, wo etwas Gutes, Positives wachsen kann, uns etwas zutrauen. Und dies in der Hoffnung, dass Gottes Liebe, die bereits da ist, einmal alles vollenden, alles heil und ganz und neu machen wird. Es sei nochmals betont: Das Revolutionäre daran – Jesus hat Gott ganz neu entdeckt als den eindeutig und bedingungslos liebenden Vater. Wir sind eingeladen, die Herausforderung dieser Botschaft Jesu anzunehmen, dieses Wagnis einzugehen, uns vertrauensvoll auf dieses Abenteuer einzulassen. Jetzt. Nicht erst irgendwann. So ist „der Gott der Liebe die denkbar größte Herausforderung des Menschen“ (Eugen Biser).

JESU SPRACHE IST WELTLICH UND ALLTÄGLICH

Ein jüdisches Märchen

Die Wahrheit ging durch die Straße, ganz nackt, wie am Tag ihrer Geburt. Kein Mensch wollte sie in sein Haus einlassen. Jeder, der sie traf, flüchtete voller Angst vor ihr. Eines Tages ging die Wahrheit wieder in Gedanken versunken durch die Straße. Sie war sehr betrübt und verbittert. Da begegnete sie dem Märchen. Das Märchen war geschmückt mit herrlichen, prächtigen und vielfarbigen Kleidern, die jedes Auge und jedes Herz entzückten.

Da fragte das Märchen die Wahrheit: „Sage mir, geehrte Freundin, warum bist du so bedrückt und drehst dich auf den Straßen so betrübt herum?“ Da antwortete ihm die Wahrheit: „Es geht mir sehr schlecht, ich bin alt und betagt, und kein Mensch will mich kennen. Hierauf antwortete ihr das Märchen: „Nicht, weil du alt bist, lieben dich die Menschen nicht. Auch ich bin sehr alt, und je älter ich werde, desto mehr lieben mich die Menschen. Siehe, ich will dir das Geheimnis des Menschen enthüllen: Sie lieben es, dass jeder geschmückt ist und sich ein wenig verkleidet. Ich werde dir solche Kleider borgen, mit denen ich angezogen bin, und du wirst sehen, dass die Leute auch dich lieben werden.“ Die Wahrheit befolgte diesen Rat und schmückte sich mit den Kleidern des Märchens. Seit damals gehen Wahrheit und Märchen zusammen, und beide sind bei den Menschen beliebt. [2]

Jesu erzählt meisterhaft

Für die Wahrheit wollte Jesus Zeugnis ablegen (Johannes 18,37). Doch er tat das nicht mit religiösen Formeln, nicht mit abstrakten Begriffen, schon gar nicht mit dröhnendem Bekennen. „Gottesfloskeln" – nichts war Jesus fremder als eine abgeschliffene Rede von Gott. Um seine Erfahrungen mit Gott mitzuteilen, musste Jesus nicht von einer anderen Welt erzählen. Und Jesus war ein Meister im Erzählen. Seine Sprache aber war nicht die eines Außerirdischen. Sie war säkular, also weltlich und alltäglich, einfach und konkret.

Jesus bewegte sich unter den Leuten: unter Bauern und Handwerkern, Hausfrauen und Kaufleuten, Tagelöhnern und Fischern, Hirten und Winzern – also unter Leuten, die von dem sprachen, was sie taten. Deshalb gebrauchte Jesus Worte und Bilder aus dem Erfahrungsbereich dieser Leute: säen und fischen, ernten und weiden, kochen und zimmern.

Dabei hat Jesus etwas Einmaliges geschaffen: „Gleichnisse". Das sind Bildworte, Alltagsgeschichten, profane Storys, in denen Gott nicht direkt vorkommt. Diese Geschichten geben Zeugnis von der unfrommen Art Jesu, von Gott zu reden. Jesus knüpft an alltägliche Erfahrungen und Begebenheiten an und macht so die Menschen auf Gott aufmerksam, auf seine Zuneigung und sein Mitgefühl. Jesus spricht in seinen Gleichnissen auf weltliche Weise von Nichtweltlichem. Was er sagt und wie er es sagt, ist unmittelbar verständlich. Es heißt, die Leute haben ihm in Scharen gebannt zugehört. „Liebe auf den ersten Blick!" – könnte man sagen.

Jesus verkündigt, indem er einlädt

„Wovon das Herz voll ist, davon redet der Mund" – sagt man. Ist jemand religiös gebunden, denkt er vielleicht: „Weil ich glaube, deshalb rede ich." Den Apostel Paulus drängte es geradezu, seine Botschaft weiterzugeben: „Wehe mir, wenn ich das Evangelium (von Jesus Christus) nicht verkünde!" (1 Korinther 9,16).

Es ist ein menschliches Bedürfnis, anderen das mitzuteilen, was einem selber wichtig erscheint. Das ist gut so, wäre damit nicht eine Gefahr verbunden: Wir neigen nämlich dazu, anderen die eigene Meinung aufzuzwingen, die eigene Glaubensüberzeugung aufzudrängen, andere überreden, missionieren zu wollen – nach dem Motto: „Ich mein's doch bloß gut mit dir." Und das ist dann gar nicht gut. Wer das tut, nimmt sich und seine Meinung zu wichtig und den anderen in seiner Freiheit nicht ernst.

Ich kann jemanden teilhaben lassen an meinen Überlegungen, an meinen Erfahrungen im Glauben, an meinen Zweifeln und Hoffnungen – sollte dies aber diskret tun und mit Respekt vor dem anderen. Vielleicht regt das mein Gegenüber zum eigenen Nachdenken an.

Von Jesus wird gesagt, dass er die Leute begeistern und ihnen neue Lebensperspektiven eröffnen konnte. Und er tut das mit Fantasie und Liebe: Er befiehlt nicht, sondern lädt ein; er überfordert nicht, sondern ist behilflich; er drängt sich nicht auf, sondern fühlt mit; er moralisiert nicht, sondern ermutigt. Vor allem war das, was er sagte, abgedeckt durch das, was er tat. So brachte Jesus bei seinen Hörern eine Saite zum Klingen, die geheilt, getröstet, aufgerichtet und zum Nachdenken angeregt hat. – Eine frühe kirchliche Empfehlung lautet ganz im Sinne Jesu: „Seid stets bereit, jedem Rede und Antwort zu stehen, der nach der Hoffnung fragt, die euch erfüllt; aber antwortet bescheiden und ehrfürchtig“ (1 Petrus 3,15–16).

Jesu Gleichnisse und Bilder

Die einmalige Chance

Liebe auf den ersten Blick – der Traumjob – das große Glück. Reiner Zufall? Es fällt mir etwas zu – jetzt oder nie. Da gibt es nur eines: eine solche Gelegenheit beim Schopf packen.

Von einer solch einmaligen Gelegenheit handelt das Gleichnis Jesu vom „Schatz im Acker“ (Matthäus 13,44–46). Einen vergrabenen Schatz zu finden, das war der Wunschtraum vieler, vor allem armer Leute im Altertum. Und so stößt ein Landarbeiter beim Pflügen auf solch einen Schatz, der im Acker vergraben war. Warum im Acker? Das war damals der sicherste Ort, um wertvolle Dinge vor Diebstahl und Plünderung zu schützen. Vielleicht wurde der Schatz von einem früheren Besitzer einfach vergessen, vielleicht war er verstorben.

Und was tut der Landarbeiter? Da ihm der Acker nicht gehört, verkauft er alles, was er besitzt, und kauft den Acker mitsamt dem Schatz. Er handelt klug und entschlossen. Er setzt alles daran und lässt alles andere zurück. Und er handelt sofort! So eine Gelegenheit bietet sich ihm nicht mehr.

Jesus vergleicht diese kleine Geschichte mit dem Himmelreich, mit dem Reich Gottes, mit dem Größten, das Gott uns schenken möchte. Reich Gottes ist ein sehr altmodisch klingendes Wort. Trotzdem: Was heißt Reich Gottes und was heißt es, heute alles daranzusetzen, ein Stück davon zu verwirklichen?
Wenn ich über Gleichnisse wie dieses meditiere, beschäftige ich mich mit Jesus. Das macht mir Mut, Gott zu entdecken und so tiefen Frieden zu finden. Bei Jesus weiß ich mich als Mensch ernst genommen. Ich bekomme Achtung vor mir selbst und begegne den anderen mit Respekt. Jesus lässt mich Gott mit neuen Augen schauen: Gott ist die Liebe, eindeutig und ohne Vorbehalte. Dafür muss ich mehr danken, als ich es mit Worten wiedergeben kann.
Und warum soll ich dieses Angebot Jesu sofort annehmen? Weil mich sonst zu viele Dinge davon abhalten. Die Einladung Jesu ist so schön. Sie ist die größte Liebeserklärung Gottes an die Welt und an jeden Einzelnen. Und das duldet eben keinen Aufschub.
Und noch etwas fällt mir in diesem Gleichnis auf: Der Mann handelt voll „Freude“. Ich glaube, entsprechend gilt: Christ sein im Sinne Jesu ist keine quälende Sache, keine asketische oder moralische Last. Im Gegenteil: Christ sein erhebt den Menschen. Ich fühle mich frei und geborgen. Ich darf mich freuen und feiern. Und Christ sein heißt auch: Was Christen im Geiste Jesu Gutes tun, das sollen sie möglichst auch gern tun.

Gottes ganz andere Gerechtigkeit

Da bekommt doch einer, der sich den ganzen Tag in der Hitze abgerackert hat, den gleichen Lohn – wie der, der gerade noch eine Stunde lang gearbeitet hat. Frustriert und voller Wut beklagen sich die Schwerstarbeiter beim Chef: Das ist gemein, eine Frechheit, eine himmelschreiende Ungerechtigkeit. Diese Reaktion kann jeder verstehen. – Aber was soll diese Geschichte?

Nun, Jesus erzählt diese Geschichte (Matthäus 20,1–16). Aber die passt so gar nicht zu einem anderen Wort von Jesus: „Wer arbeitet, hat ein Recht auf seinen Lohn" (Matthäus 10,10). Diese Geschichte passt auch nicht zu dem, was in Israel damals üblich war: Der Lohn muss der Leistung entsprechen. – Wie soll das noch einer verstehen?

Dieser Text ist ein Gleichnis. Und Gleichnisse sollte man nicht wortwörtlich nehmen, sie nicht einfach „eins zu eins" ins Leben übersetzen. Wenn man das tut, wird man ihrer Botschaft nicht gerecht und endet höchstens bei einem moralischen Zeigefinger. Und der war Jesus völlig fremd.

Jedes Gleichnis hat einen „springenden Punkt", den es zu entdecken gilt. Mit dem Begriff „Gerechtigkeit" und unseren Vorstellungen davon werden wir Gott nicht gerecht. Ich sehe den „springenden Punkt" darin: Jesus will mit dieser provozierenden Geschichte sagen – Gott gibt den Menschen nicht das, was sie nach unseren Vorstellungen von Gerechtigkeit verdienen. Er gibt ihnen das, was sie unverdientermaßen brauchen: Güte, Nachsicht, Mitgefühl.

Mich fordert dieses Gleichnis heraus: Traue ich Gott zu, dass er unendlich großzügiger ist in seiner Güte, als ich

mir das je vorstellen kann? Dass er mir unbeirrt mit großer Zuneigung entgegenkommt?
Ich möchte ein Stück weit so leben und andere daran teilhaben lassen: wie großherzig und mitfühlend, wie heilsam und befreiend glauben im Sinne Jesu sein kann. Seine Botschaft kann überraschen, meine Maßstäbe auf den Kopf stellen und meinem Leben einen oft ungeahnten Wert geben, einen ganz neuen Glanz.

Reichtum ist geistlich gefährlich
„Mit Buddha den Kapitalismus bremsen" – so fand ich einen Artikel überschrieben.[3] In ihm geht es um die Vorstellungen von Karl-Heinz Brodbeck, Proffessor für Volkswirtschaftslehre und praktizierender Buddhist. Seine These: Nicht Sachzwänge seien der Motor der Wirtschaft, sondern nackte Geldgier. Und die hätte das weltumspannende System eines radikalen Kapitalismus geschaffen. Dieser sei schuld daran, dass eine Milliarde Menschen hungern und ein Drittel der Menschheit arbeitslos ist.
Dem setzt er den Buddhismus entgegen. Auch in der Wirtschaft. Der Buddhismus sei eine sanfte Religion. Er lehre das Mitgefühl zu allen Lebewesen: zu den Mitmenschen wie zu den Tieren und Pflanzen, die den Menschen nähren und kleiden. Eine neue Solidarität sei angesagt, auch in der Wirtschaft, um die Welt ein bisschen leidfreier zu machen. Also: Mitgefühl statt Geldgier.
Genau darum geht es auch in diesem Gleichnis (Lukas 12,13–21). Darin sagt Jesus: „Hütet euch vor jeder Art von Habgier. Denn der Sinn des Lebens besteht nicht in

einem großen Vermögen, auch nicht darin, im Überfluss flott zu leben." Und Jesus erinnert an diese Möglichkeit: „Noch in dieser Nacht wird man dein Leben von dir zurückfordern. Wem wird dann all das gehören, was du angehäuft hast?"

Für Jesus ist – so verstehe ich ihn – die Gier nach Reichtum menschlich und geistlich gefährlich. Warum? Die Gier nach Reichtum macht geizig: Wer mit Geld geizt, der geht gefühlskalt an den Armen vorbei. Wer mit Vertrauen geizt, der tötet allmählich Freundschaften und Beziehungen. Wer mit Verzeihen geizt, der geht erbarmungslos über die Gefühle seiner Mitmenschen.

Die Gier nach Reichtum macht auch neidisch: Der andere hat etwas, das ich auch gerne hätte. Der andere kann etwas, das ich selber gerne können würde. Das tut weh. Und so wächst unaufhaltsam dieses „Das will ich auch!" – dein Auto, dein Geld, deine Frau. Der Neid ist so grenzenlos, so uferlos und kommt an kein Ziel. Und das zerfrisst Leib und Seele.

Was kann ich dagegen tun? – Ich möchte kein Geizhals sein und die Armen im Blick behalten. Mich fragen: Wo kann ich helfen? Ich möchte meine Ansprüche zurückschrauben, bescheidener und einfacher werden. Buddhismus und Christentum – zwei Religionen und eine ethische Einsicht, die dem entfesselten Kapitalismus zumindest geistig die Stirn bieten könnte.

Konsequent sein

Ein Unternehmer kommt seinem Geschäftsführer auf die Schliche: Der verschleudert sein Vermögen. Als der Geschäftsführer seine aussichtslose Situation erkennt, tut er etwas Unerwartetes. Er schleimt sich bei denen ein, die seinem Chef etwas schulden und erlässt ihnen einen Teil ihrer Schulden. Damit er nach einem möglichen Rauswurf bei ihnen gute Karten hätte. Und was soll diese Geschichte?

Nun, diese Geschichte steht im Lukasevangelium (16,1–13). Und Jesus setzt in dieser Geschichte noch eins drauf: Er lobt die Klugheit des unehrlichen Verwalters und an seine Freundinnen und Freunde gerichtet sagt er: „Die Kinder dieser Welt sind im Umgang mit ihresgleichen klüger als die Kinder des Lichtes." – Und das soll noch einer verstehen!

Zwei Dinge halte ich für wichtig, um solche Texte besser zu verstehen. Zum einen das: Dieser Text ist ein Gleichnis. Ich möchte nochmals daran erinnern: Gleichnisse sind Bilder, Alltagsgeschichten, in denen Gott nicht direkt vorkommt. Diese Geschichten geben Zeugnis von der unfrommen Art Jesu, von Gott zu reden. Jesus war nichts fremder als eine abgeschliffene Rede von Gott. Um seine Erfahrungen mit Gott mitzuteilen, musste Jesus nicht von einer anderen Welt erzählen. Seine Sprache war weltlich und lebensnah, sie war einfach und konkret.

Und das Zweite – auch daran sei nochmals erinnert: Gleichnisse sollte man nicht wortwörtlich nehmen, sie nicht einfach „eins zu eins" ins Leben übersetzen. Wenn man das tut, wird man ihrer Botschaft nicht gerecht und endet höchstens bei einem moralischen Zeigefinger. Und auch das war Jesus fremd.

Jede dieser Geschichten hat einen „springenden Punkt" – hier etwa der: Wie der betrügerische Geschäftsführer gerissen mit seiner Situation umgeht – so konsequent sollen sich die Anhänger Jesu bemühen, im Alltag Christ zu sein. Mit diesem scharfen Kontrast will Jesus bei den Seinen einen konsequenten Glauben provozieren.

Mich fordert dieses Gleichnis heraus: Was bin ich für ein Christenmensch im Alltag? Bin ich verlässlich? Kommt etwas rüber von meinem christlichen Glauben? Bin ich konsequent genug? – Ich möchte glaubwürdig sein. Ich möchte ein Stück weit leben und andere daran teilhaben lassen: Wie kreativ und fantasiereich, wie heilsam und befreiend *glauben* im Sinne Jesu sein kann.

Von Schafen und Hirten

„Wegen seiner Einfalt und Duldsamkeit wurde das Schaf zu einem Bild des frommem Menschen." – Ich dachte, ich sehe nicht recht, aber diesen Satz habe ich in einem Wörterbuch biblischer Bilder und Symbole gelesen. Nun, wo Schafe sind, ist der Hirte nicht weit und auch nicht der Wachhund.

Auf den ersten Blick scheint das auch diese Stelle aus dem Johannesevangelium zu bestätigen. Danach hat Jesus gesagt: „Meine Schafe hören auf meine Stimme; ich kenne sie, und sie folgen mir" (10,14.27–30).

Kaum ein Bild in der Bibel ist so missdeutet, missverstanden und verniedlicht worden wie das Bild von den Schafen und vom „Guten Hirten". Ich erinnere mich an ein Ölgemälde über dem Bett meiner Großeltern. Jesus weidet eine friedliche Schafherde. Das ist die niedliche Variante.

Man kann ein Bild total falsch verstehen, wenn man es „eins zu eins" übersetzt: Danach sind die Schafe die Gläubigen, und der Hirte ist Jesus. Machtbewusste Kirchenmänner hat das so gedeutete Bild seit jeher gefallen. Sie verstanden sich dann sogar als „Oberhirten".

Ich möchte kurz auf die Frage eingehen: Was ist ein Hirte? In der Antike ist der Hirte ein Herrscher mit einer uneingeschränkten Machtfülle. Und dieser politischen Elite ihres Volkes reden die Propheten immer wieder ins Gewissen. So z. B. Ezechiel (34,11–12.15–17): Israels Führungsschicht hat versagt. Sie hat sich selbst geweidet und es sich gut gehen lassen. Sie hat das Volk unterdrückt und ausgebeutet (vgl. Markus 10,42).

Und dann geschieht da noch etwas Unerhörtes: Das kleine Volk Israel geht nach Jahrhunderten der Unterdrückung seinen Weg in die Freiheit. Auf diesem langen Weg dichtet jemand einen Protestsong gegen die machthungrigen Herrscher: „Der Herr ist mein Hirte" (Psalm 23). Einzig von Gott sollen die Menschen fortan so sprechen. Und Gott ist ein anderer Hirte. Bei ihm wird den Menschen „nichts fehlen".

Dieses neue Verständnis von „Hirte" macht Jesus deutlich. Um das Bild vom Hirten und den Schafen richtig zu deuten, muss man auf den „springenden Punkt" achten, und der wäre: Wie sich der Hirte um seine Schafe kümmert – so sorgt sich Jesus um die Seinen.

Ich verstehe das so: Er sucht mich, wenn ich Gefahr laufe, mich in Abgründe zu verlieren. Er bringt mich zurück, wenn ich ihm davongelaufen bin. Er heilt mich, wenn andere oder auch die Kirche mir seelische Verletzungen zugefügt haben. Er gibt meinem Glauben

neue Kraft, wenn er schwach zu werden droht. Wenn ich das zulasse und mir helfen lasse.
Und Jesus macht auch deutlich, wie er sein „Hirtenamt" versteht. Es geht ihm um jeden Einzelnen. Er möchte, dass jede und jeder im Glauben seinen Zugang zu Gott findet, nicht vermittelt und oft auch verstellt durch Priester oder andere religiöse Autoritäten. Jede und jeder darf zu Gott „Abba – lieber Vater" sagen. Nicht mehr ängstlich und unterwürfig brauchen wir Gott begegnen. Der neue Umgangsstil zwischen Gott und den Menschen ist Vertrauen und Liebe. Jesus ermutigt mich, aufzuatmen und aufrecht zu gehen – in Würde und in Freiheit. Das ist für mich Evangelium, Frohe Botschaft.

JESUS PREIST SELIG ...

Was wir Glück nennen, ist so vielfältig wie wir Menschen, die es empfinden oder uns danach sehnen. Doch Glück ist nicht einfach nur Glücksache, Zufall, Schicksal. Glücklich sein ist auch nicht nur ererbt. Es hat auch mit mir selbst zu tun. Psychologen umschreiben Glück mit „anhaltendem persönlichen Wohlbefinden". Und dazu kann hoffentlich jeder Mensch etwas beitragen, ist er wenigstens ein Stück weit „seines eigenen Glückes Schmied".
Allerdings gibt es in dieser Welt nicht das vollkommene Glück. Weil alles auf Erden begrenzt, gefährdet, vergänglich ist. Vielleicht wissen wir auch weit weniger, was Glück ist, als manchmal im Nachhinein, was Glück war (Francoise Sagan).

Und doch hat Glück etwas zu tun mit ganz sein, mit heil sein. Das kommt in der altgermanischen Bedeutung von „glücklich“ zur Sprache. Für glücklich steht: heil, selig. Die religiöse Dimension wird hier besonders deutlich. Das erinnert an die „Seligpreisungen“ Jesu. Sie sind in der „Bergpredigt“ im Matthäusevangelium (5,3–12) überliefert. Dort ist die Rede von der Gerechtigkeit, wie sie bei Gott gilt. Es sind Zusagen gerade auch an unglückliche Menschen. Es sind Verheißungen nicht nur für die Ewigkeit. Sie reichen mitten hinein in diese Erdenzeit. Damit menschliches Leben gelingen kann.
Die Seligpreisungen sind wie goldene Regeln, die zu einem glücklichen Leben führen können. Sie beginnen: „Selig, die ...“ In modernen Übersetzungen wird das wiedergegeben mit: „Glücklich, die ...“ Selig, glücklich – die arm sind vor Gott, die trauern, die keine Gewalt anwenden, die hungern und dürsten nach der Gerechtigkeit, die barmherzig sind, die ein reines Herz haben, die Frieden stiften, die um der Gerechtigkeit willen verfolgt werden.

... die Armen

Im Lukasevangelium spricht Jesus seine Jüngerinnen und Jünger in der so genannten „Feldrede“ direkt an: „Selig, ihr Armen“ (6,20). Klingt irgendwie „armselig“, diese Verbindung von „arm“ und „selig“. Das ist ja wohl nicht erstrebenswert. „Selig, ihr Armen“ – das klingt auch zynisch. In einer Welt, in der die Armen immer mehr und immer ärmer werden, die Reichen dagegen noch reicher. Auch in Deutschland, wo immer mehr

Kinder unterhalb der Armutsgrenze leben müssen. Geld regiert doch seit jeher die Welt. Doch wer regiert das Geld?
Sollen also die Armen arm bleiben? Das kann es doch wohl nicht sein. Das kann Jesus doch nicht im Ernst gemeint haben. Armut ist kein Wert an sich. Niemand hat es erdient, in Armut zu leben. Es sei denn, jemand will bewusst und freiwillig auf materielle Güter verzichten. Ich denke an Franz von Assisi. Bleibt eine geistige Armut. Womöglich soll ich den Verstand ausschalten. Auch das ist es nicht. Das hieße, das eigene Menschsein verleugnen.
Nein, Jesus preist hier nicht die Armut selig, er preist die Armen selig. Und das ist ein großer Unterschied. Ich glaube, man muss sich einmal in die Situation der Menschen zur Zeit Jesu hineinversetzen. Viele waren arm und krank, sozial und gesellschaftlich verelendet. Religiös waren sie verunsichert und voller Angst. Dass sie etwas wert sein sollen, das hatten sie zuvor noch nicht gehört. „Selig, ihr Armen" – wie Fanfarenstöße muss das in den Ohren und in den Herzen der Menschen geklungen haben. Und Jesus fügt dieser Seligpreisung noch etwas hinzu: „Euch gehört das Reich Gottes!" Gewaltig, was Jesus da verspricht.
Und das war keine Vertröstung auf ein besseres Jenseits. Wenn wir den Evangelien Glauben schenken, dann ist es gerade Jesus gewesen, der den Menschen in ihren inneren und äußeren Nöten konkret geholfen hat. Ihnen neue Hoffnung geschenkt hat, wenn sie bereits aufgegeben hatten. Jesus will mit seinem Wort ins Herz seiner Zuhörer treffen: „Ihr seid bei Gott nicht abge-

schrieben!“ Die Nähe zu Gott, die er selbst erfährt, möchte er weitergeben.
So fühle auch ich mich angesprochen: Jesus möchte, dass ich den „Mehrwert“ entdecke, den seine Botschaft enthält. Und die will mich nicht nur informieren, auch nicht belehren, sondern mich verwandeln, mich umtreiben. Jesus – so verstehe ich ihn – möchte mir den Reichtum erschließen, der in ihm und seiner Frohen Botschaft auf mich wartet. Er möchte – wie mit einem Pflug – mein enttäuschtes, manchmal auch hart gewordenes Herz aufbrechen, wieder weich machen, mich öffnen und innen drin froh machen. Mich dazu bewegen, Gott zu vertrauen. Und dadurch befähigen, dass ich auch anderen vertraue, ihnen gut will, ihnen Gutes tue und ein Herz für die Armen habe.
Im Matthäusevangelium, in der so genannten „Bergpredigt“, heißt es: „Selig, die arm sind vor Gott“. Ich glaube, dieses Armsein hat auch mit meiner Einstellung zu tun: zum eigenen Leben, zu den Mitmenschen, zur Schöpfung, zu Gott.
Was weiß ich vom Leben? Ich kann das Wunder des Lebens nicht erfassen. Das zu erkennen, will mich bescheiden und einfach machen. Ich freue mich am Dasein und stehe zu dem, was ich bin: endlich, begrenzt, sterblich. Ich brauche mich mit meinen Schwächen nicht verstecken. Und womit ich mich besonders schwertue: Ich brauche mein Selbstwertgefühl nicht davon abhängig machen, was andere von mir halten. Ich darf vertrauen: Ich bin wertvoll, jeder Mensch ist wertvoll – nicht durch die Gunst der Mitmenschen, sondern durch Gott, der uns vorbehaltlos liebt. Wer das in sei-

nem Innersten akzeptiert, der – so glaube ich – ist arm vor Gott.
Arm sein vor Gott, das hat auch mit meiner Einstellung gegenüber der Schöpfung zu tun, mit der „Ehrfurcht vor allem, was lebt“ (Albert Schweitzer). Wir sollen dankbar und verantwortlich mit der Schöpfung umgehen. Wir dürfen uns nicht zu Herren über alles aufspielen: Gott hat alles geschaffen, und alles mit derselben Liebe. Wir sind Mitgeschöpfe. Gott allein ist der Herr über alles, was lebt. Diese Einstellung hat nichts zu tun mit einer faden, frömmelnden Verzichtshaltung, sondern durchaus mit Vitalität und Lebenslust, mit Glück und mit Liebe.
In alldem möchte ich Gott finden, mich ihm anvertrauen. Mit den Menschen und mit der uns anvertrauten Natur möchte ich in ihm verbunden sein. Ich glaube: Arm vor Gott sind wir reich. Ein Reichtum, der nicht zu kaufen ist, aber den wir uns schenken lassen können – von Gott.

... die Trauernden

Trauer hat viele Ursachen: Der Tod eines lieben Menschen. Krankheit. Ein Lebensziel, das sich nicht erfüllt. Eine Trennung, die schmerzt. In Not geraten oder nicht geliebt sein, sich schuldig wissen – auch das kann Trauer auslösen. Tief traurig können einen die beklagenswerten Zustände in der Welt machen. Wie trostlos ist es einem bisweilen ums Herz! – Gibt es da noch Trost?
Sollte es uns einmal so elend ums Herz sein, dann wünsche ich uns, dass wir getröstet sein wollen. Dass wir

nicht teilnahmslos und stumm vor uns hinbrüten. Getröstet sein wollen heißt auch, dass wir ansprechbar bleiben, das Herz nicht versteinert.
Wenn wir Trost brauchen, wünsche ich uns, dass wir ihn nicht vordergründig suchen. Billige Vertröstungen und fromme Sprüche helfen nicht: Schweigen ist manchmal einfach klüger. Trösten ist eine Kunst des Herzens. Sie besteht oft einfach darin: liebevoll zu schweigen und schweigend mitzuleiden.
Vielleicht ist echter Trost erst im Blick auf Gott möglich. Weil ohne ihn die gut gemeinten Trostreden allzu oft in der Luft hängen. In trostlosen Situationen wünsche ich uns, dass wir Gott Glauben schenken, dass er den Berg von Kummer und Leid in unserem Herzen weghebt. Dass wir Gott vertrauen, dass er uns in Stunden des Leids nahe ist, wie eine gute Mutter ihrem Kind. Nicht dass Gott all das Schwere einfach wegfegt, als ob nichts gewesen wäre. Aber er möchte, dass wir in all diesen Beschwernissen aus der Kraft seines Trostes bestehen können; dass wir unser begrenztes Leben annehmen können; dass wir uns gerade auch in Krankheit und Leid von Gott gehalten wissen. In dem Vertrauen, dass uns nichts und niemand von seiner Liebe trennen kann. Und dass so Trauer gelingt und wir reifer aus ihr hervorgehen. Ich wünsche uns, dass wir in trostlosen Zeiten den tröstenden Gott erfahren. Und dass es dann einen Menschen gibt, der uns das sagt. Einer hat es gesagt – Jesus: „Selig die Trauernden, denn sie werden getröstet werden!“

… die Gewaltlosen

„Tag der Deutschen Einheit" – und Jesus sagt: „Selig, die keine Gewalt anwenden!" Was hat das miteinander zu tun? „Keine Gewalt" – im Jahre 1989 haben Menschen mit diesem Ruf eine Diktatur entmachtet. Menschen, auf die eingeknüppelt wurde, die mit Hunden gejagt wurden, die in den Kellern der Staatssicherheit gequält wurden – sie haben sich nicht gewaltsam gewehrt. Mit Gebeten und Kerzen und dem Ruf „Keine Gewalt" haben sie auf der Straße Gewaltlosigkeit im Sinne Jesu praktiziert. Ein beispielloser Vorgang in der deutschen Geschichte: ein unblutiger Umsturz der bestehenden Verhältnisse. Dieses Mal ohne andere Völker mit Kriegen und Demütigungen zu überziehen. Für mich ist das ein Wunder biblischen Ausmaßes.

Und was an diesem Wunder besonders erstaunt: Gott braucht keine großen Voraussetzungen, um wirksam zu werden. Die meisten in der damaligen DDR hatten kein christliches Elternhaus. Die jungen Leute sind weithin ohne religiöse Erziehung aufgewachsen. Religionsunterricht an den Schulen gab es nicht. So spürten die jungen Leute auch keinen Mangel an Religion. Sie hatten kein religiöses Grundwissen, kannten keine religiösen Traditionen, setzten sich somit auch nicht von Religion ab – sie hatten keine.

Und dann die „Montagsdemos" der Christen. Von da aus ging der Geist der Gewaltlosigkeit auch auf andere über. Der Geist Jesu kam buchstäblich auf der Straße über die Menschen.

„Keine Gewalt" – wenn ich das auf mich beziehe, ist es nicht so dramatisch. Aber spannend kann das auch sein.

Wenn ich mich bemühe, gewaltlos zu sein, dann könnte das heißen: Ich mache einen Mitarbeiter nicht klein, um mich selbst zu erhöhen. Ich dränge jemanden nicht ins Abseits, um selbst bessere Chancen zu haben. Ich gewinne mein Selbstwertgefühl nicht dadurch, dass ich andere beherrsche.
Wenn ich es schaffe, keine Gewalt anzuwenden – keine physische, keine psychische, keine geistliche Gewalt –, dann haben Menschen Vertrauen in mich. Wenn ich es schaffe, keine Gewalt anzuwenden, dann schätze ich die eigene Würde und habe Respekt vor der Würde des anderen. Dann verhelfe ich womöglich einem anderen zu seinem Selbstvertrauen.
Jesus preist Menschen selig, die keine Gewalt anwenden. Die gelernt haben, sich zurückzuhalten und einzulenken. Denen stellt Jesus das „Land der Verheißung“ in Aussicht. Ich verstehe das so: Wer gewaltlos ist, der erwartet nicht erst im Jenseits das Himmelreich, er lebt ein Stück weit schon jetzt darin.

... die nach Gerechtigkeit hungern

„Selig, die hungern und dürsten nach der Gerechtigkeit; denn sie werden satt werden!“ – Dieses wunderbare Wort Jesu gilt der Sehnsucht des Menschen, einmal richtig zu leben. Ich glaube, es gibt keinen Menschen, der ohne Hunger und Durst nach einem anderen, besseren Leben existieren könnte. Und viele haben Sehnsucht nach Gott.
Ich glaube, diese Seligpreisung besagt auch: glücklich, die diesen Hunger und Durst am eigenen Leib, an der

eigenen Seele spüren. Und so die Hoffnung nicht aufgeben. Menschen in den Armenhäusern der Welt, die nach menschlichen Lebensbedingungen hungern und dürsten und in allem Elend ihre Würde behalten. Menschen auf der Flucht, die nach Heimat und Freiheit hungern und dürsten und die in ihrem unermesslichen Leiden Durchhaltewillen und Durchhaltekraft zeigen. Hunger und Durst nach einem richtigen Leben kann man mitunter entdecken in dem Stolz, der aus den müden Augen eines Bettlers spricht. In der herausfordernden Kopfbewegung einer Dirne. In dem verhaltenen Trotz eines Straffälligen. Hunger und Durst nach Zuwendung ist dem zu wünschen, in dessen Ehe die Gefühle seit Jahren abgestorben sind. Hunger und Durst nach Sonne und Licht hat hoffentlich der, über dessen Leben die Schatten der eigenen Kindheit wie eine schwere Decke liegen.
„Sie werden satt werden" – diese Zusage meint Jesus nicht erst für das Jenseits. Sie gilt bereits hier und jetzt für ein Leben, das gelingt. Sein ganzes Wirken spricht dafür, dass ihm das wichtig ist.
Wenn ich den eigenen Hunger und Durst nach dem richtigen Leben spüre, werde ich auch wach für den Hunger und Durst der anderen. Werde ich sensibel für das, was hungert und dürstet nach Leben, Liebe und Frieden. So bitte ich mit Worten des Kapuzinerpaters Anton Rotzetter:

„Gott
Lass mich nicht ohne Wasser sein
wenn jemand kommt
und Durst hat nach Wasser

Lass mich nicht ohne Wort sein
wenn jemand kommt
und Durst hat nach Worten

Lass mich nicht ohne Liebe sein
wenn jemand kommt
und Durst hat nach Liebe.“ [4]

… die ein reines Herz haben

Vor zehn Jahren habe ich ihn kennen gelernt. Er ist Grieche. Wir sind längst gute Freunde. Ich erinnere mich: Bereits bei der ersten Begegnung hatte ich das Gefühl: Der Mann strahlt etwas aus. Er ist ein besonderer Mensch. Im Laufe der Zeit konnte ich entdecken, woran das lag. Wo er auftritt, wird es irgendwie hell. Mit seinen großen, leuchtenden Augen schaut er einen an. Ohne den anderen zu durchbohren, kann er seinem Gegenüber in die Augen schauen. Und er kann zuhören, gut und lange zuhören. Er fällt nicht ins Wort.

Wir führen lange und intensive Gespräche über Gott und die Welt. Er ist Naturwissenschaftler. Was mir bei diesen Unterhaltungen auffällt: Auch bei strittigen Fragen, bei unterschiedlichen Meinungen legt mein Gesprächspartner Wert auf einen fairen Gedankenaustausch: ohne Hintergedanken, ohne irgendwelche versteckten Absichten, ohne den andern bekehren zu wollen. Solche Gespräche vertiefen das gegenseitige Verständnis. Sie lassen erkennen, wie der andere denkt. Sie fördern Respekt und Achtung voreinander. Ich habe

in all den Jahren viel von ihm gelernt. Und dann sein Lachen. Es ist erfrischend, wie er lachen kann: unbeschwert, fröhlich, so richtig von Herzen. Mich faszinieren diese Begegnungen.
Wenn ich über diesen Menschen nachdenke, dann könnte ich mir vorstellen, dass ihm das Wort Jesu gilt: „Selig, die ein reines Herz haben!" Das ist es! Ein reines Herz – das hat nichts zu tun mit: reinlich, makellos, moralisch intakt. Nein. Das hat zu tun mit: unverfälscht, lauter in der Gesinnung, rein in den Absichten, die aus dem Herzen kommen.
Ich glaube, die sind es, die Jesus seligpreist. Und er verbindet damit die Verheißung: „Sie werden Gott schauen!" Unglaublich. Man kann sich das kaum vorstellen. Das sagt Jesus, obwohl kein Mensch jemals Gott gesehen hat. Vielleicht ist das mit dem Schauen so gemeint: „Manchmal muss ich die Augen schließen, um besser sehen zu können." – Eine Art innere Schau. Ein tief innen sitzendes Glücksgefühl. Jemand mit einem reinen Herzen hat womöglich einen besonderen Sinn für Gott.

… die Frieden stiften

Jesus sagt: „Selig, die Frieden stiften." Doch wer lebt so? Und wenn es jemand wollte – wird er es schaffen? Ich denke an einen Hochspringer, dem die Latte zu hoch gehängt wird. Er kann sich bemühen bis zur Erschöpfung, er reißt sie dauernd. Hätte Gott uns nicht anders wollen und erschaffen müssen, um über diese Latte zu kommen?

Ich möchte mich aber auch nicht damit abfinden, dass Politiker sagen, mit diesen Worten Jesu könne man keine Politik machen. Ich möchte mich nicht damit trösten, dass auch für die Kirche oft ganz andere Themen wichtiger sind. Und ich möchte mich nicht vertrösten lassen, dass das alles für das Jenseits gilt. Ich bemühe mich doch jetzt, als Mensch und Christ zu leben und verantwortlich zu handeln.

Jesus kannte den Menschen wie kein anderer mit seinen Stärken und Schwächen, mit seinem guten Willen und all den Boshaftigkeiten. Ich gehe davon aus: Diese Seligpreisung Jesu ist nicht als Erstes eine Forderung, sondern ein Geschenk. Sie bezeichnet das, was bei Gott gilt, was ihm wichtig ist. Er ist ein Gott des Friedens und nicht des Verderbens. Und Jesus bringt nicht nur Frieden – „Er ist unser Friede" (Epheser 2,14).

Und ich glaube: In unserer weithin friedlosen Welt gibt es keinen sehnlicheren Wunsch als den nach innerem und äußerem Frieden. Und ich vergesse es nicht, dass ich – siebzig Jahre alt – seither in Frieden leben durfte. Dafür bin ich zutiefst dankbar.

„Selig, die Frieden stiften." Jesus hat der Welt Frieden vorgelebt. Und er preist Menschen selig, die Frieden vermitteln, wo Völker sich bekriegen. Die den Hass zwischen Ehepartnern, zwischen Kindern und Eltern auflösen helfen. Die darum bemüht sind, dass Streithähne wieder miteinander klarkommen. Selig der Mensch, der Frieden mit sich hat, der sich mit negativen Erfahrungen seiner Lebensgeschichte ausgesöhnt hat. Friedensstifter, wer zum Dialog zwischen den Religionen

und Kulturen beiträgt. Wer sich dafür einsetzt, dass Gottes Schöpfung erhalten bleibt.
„Selig, die Frieden stiften." Ich kann die Welt nicht verändern. Doch ich möchte mich bemühen, friedfertig zu sein, Vergeltung zu unterlassen und – wo nötig und möglich – die Hand zur Versöhnung auszustrecken. Ich möchte tolerant sein und andere spüren lassen: Du darfst anders sein als ich. Ich möchte den Mitmenschen gut begegnen, so wie ich wünsche, dass auch sie mir gut wollen. Kleine Schritte, zu denen mich Jesus ermutigt und an deren Wirkung ich glaube.

JESUS LEHRT ZU BETEN

„Ich aber bin Gebet" (Psalm 109,4)

Mit dem Beten habe ich oft meine liebe Not. Selbst wenn ich beten will, fällt es mir oft schwer. Warum beten, wenn ich so wenig von Gott weiß? Warum quäle ich mich mit Gott herum, den ich kaum verstehe? Warum Gott fragen, wenn ich auf die Fragen nach dem „Warum?" keine Antwort erhalte? Brauche ich das Gebet, um mich in meiner Welt zurechtzufinden? In dieser Ratlosigkeit finde ich einen Verbündeten im Apostel Paulus. Er scheint auch seine Probleme zu haben, wenn er schreibt: „Wir wissen nicht, worum wir in rechter Weise beten sollen" (Römer 8,26).
Es gibt gläubige Menschen – auch von Heiligen wissen wir es –, die geben freimütig zu, dass sie oft nicht beten können und doch an Gott hängen mit allen Fasern ihres leidenschaftlichen Herzens. Wie schwer das wer-

den kann, das lässt der erschütternde Bericht von Mutter Teresa ahnen, in dem sie über ihre Glaubenszweifel schreibt, und dass sie Gott über längere Strecken sehr fern und weit weg erfahren hätte. In einer Tagebuchnotiz hält sie fest: „Da ist nichts mehr, wohin ich mich wenden könnte: kein Gott, kein Vater, kein Hirte und kein Gegenüber; nur diese erschreckende Leere." [5]

Da klagt ein Beter im Alten Testament, dass bei ihm alles schiefgeht und er nur Schlimmes durchmacht. Doch bei all seiner Enttäuschung sagt er: „Ich aber bin Gebet." Es heißt da nicht: Ich bete, ich bitte oder flehe. Es steht da aus dem Hebräischen übersetzt: „Ich aber bin Gebet" (Übersetzung: Martin Buber). Dazu bemerkt ein jüdischer Rabbiner: „Das ist, wie wenn ein Armer drei Tage nichts gegessen hat und seine Kleider sind zerlumpt und so erscheint er vor dem König – braucht der noch zu sagen, was er begehrt?" So steht jener Beter vor Gott, er selber als Gebet.

Das habe ich zuvor so noch nicht gehört. Und ich verstehe Jesus nochmals ganz anders, wenn er gewiss nicht von ungefähr und sehr eindringlich sagt: „Plappert nicht, wenn ihr betet, und meint nicht, ihr werdet erhört, wenn ihr viele Worte macht!" (nach Matthäus 6,7). „Ich aber bin Gebet." Ich möchte mit Jesus vertrauen, dass Gott mich hört und sieht, so wie ich bin. Und ich möchte vertrauen, dass er zu mir steht und mich nicht fallen lässt, was auch immer passiert.

Auch dazu ermutigt ein Beter im Alten Testament: „Herr, du kennst mich. Ob ich sitze oder stehe, du weißt von mir. Ob ich gehe oder ruhe, es ist dir bekannt. Bevor mir das Wort auf der Zunge liegt, du kennst es bereits.

Wohin ich auch fliehen wollte vor dir, du bist da. Du umschließt mich liebevoll und um mich zu schützen, hältst du deine Hand über mich“ (Psalm 139,1–5).

Unsere Vergebung – die Folge, nicht die Voraussetzung

Das „Vaterunser“ ist im Matthäusevangelium (6,9–13) und im Lukasevangelium (11,1–4) überliefert. Die kürzere Form bei Lukas scheint nach wissenschaftlicher Erkenntnis von Jesus selbst zu stammen. Die längere Form bei Matthäus unterscheidet sich in der Vergebungsbitte erheblich von der des Lukas.

Lukas: „... und vergib uns unsere Schuld, wie auch wir vergeben unseren Schuldigern.“ Matthäus: „... und erlass uns unsere Schulden, wie auch wir sie unseren Schuldnern erlassen haben.“

Offensichtlich ist in den Augen des Matthäus unsere menschliche Vergebung die Voraussetzung und das Maß für die Vergebung Gottes. Nach seiner Überzeugung können wir nur in dem Maß um Gottes Vergebung bitten, indem wir zuvor anderen vergeben haben. Nach Matthäus ist Gottes Vergebung also keinesfalls voraussetzungslos.

Ein ganz anderes Gottesbild begegnet uns bei Lukas in der Form des Vaterunsers, das Jesus selbst ursprünglich seine Jünger gelehrt hat: „... und vergib uns unsere Schuld, wie auch wir vergeben unseren Schuldigern.“ Nach Jesu Überzeugung können wir jederzeit ohne Angst und Schrecken und ohne Vorbedingung Gott um Vergebung bitten. Das heißt aber auch, dass wir anderen unsere Vergebung nicht verweigern dürfen. Unsere Vergebung ist demnach für Jesus die konsequente Folge, nicht aber die Voraussetzung. So zeichnet Jesus in seinem Vaterunser – wie es bei Lukas überliefert ist – ein wesentlich anderes Gottesbild als Matthäus in seiner Überlieferung.

Und führe mich in der Versuchung

„… und führe uns nicht in Versuchung“ – das steht im Vaterunser. Ich glaube allerdings nicht, dass Gott uns in Versuchung führt. Er stellt uns keine Fallen. Versucht werden, das scheint zu unserem Menschsein zu gehören. Die Versuchung, eitel zu sein, faul und bequem zu werden. Die Versuchung, Macht über andere auszuüben. Aber auch die Angst, etwas zu verpassen. Nichts auslassen, was sich an Gelegenheiten bietet. Soll ich mich auf eine zweifelhafte Sache einlassen oder nicht? Vieles kann uns zur Versuchung werden.
Auch Jesus war von Versuchungen nicht ausgenommen. Und wie wird Jesus versucht? Er könnte es sich einfach machen. Er könnte seine Bedürfnisse und die der Leute mit spektakulären Events stillen. Etwa so, dass er aus Steinen Brot zaubert. Müsste für ihn doch einfach sein, wenn er „Gottes Sohn“ ist. Und das kann er gleich unter Beweis stellen – so die nächste Versuchung –, wenn er sich, von Engeln getragen, vom Tempel in Jerusalem fallen lässt. Und schließlich könnte er nicht nur vom Reich Gottes predigen, sondern es gleich errichten, indem er sich alle Reiche der Welt unterwirft und zu Gottesstaaten macht (Matthäus 4,1–11).

Verlockende Versuchungen für den „Sohn Gottes“ – ohne große Anstrengung, ohne Widerstände und vor allem ohne Leiden. Und wie ging Jesus damit um? Er wollte Gott nicht herausfordern und hat allen Versuchungen widerstanden. Schön für ihn. Er hat es einfach, als „Sohn Gottes“ den Versuchungen zu widerstehen. Aber was habe ich davon, ich anfälliger, schwacher Mensch?
Die Bibel widerspricht dieser Ansicht mit Nachdruck: „Jesus ist in allem wie wir in Versuchung geführt worden“, heißt es – man beachte dieses „in allem!“ – Und es heißt weiter: „Aber er hat sich nicht von Gott getrennt und die Menschen nicht fallen lassen“ (Hebräer 4,15).
Jesus möchte ich vertrauen, mich ihm anvertrauen. Und ich bitte ihn, mir beizustehen in den Versuchungen, deren Folgen mir nicht guttun. Denn er möchte mich aus dem befreien, was mich ängstigt und im Innern gefangen hält. Er möchte mich in Liebe bewahren in den Versuchungen, Zweifeln und Nöten, aber auch in den Freuden des Lebens. Und wie ich Jesus verstehe, heißt das auch, dass ich bei Gott Halt finde und Vergebung, wenn Nacht mich umgibt, wenn ich abzustürzen drohe, wenn ich schuldig werde. Und ich hoffe, dass ich in den Versuchungen als Mensch bestehe und die, die mit betroffen sind, auch.

In Gottes Namen bewahrt sein

„Name ist Schall und Rauch.“ – Das hat Goethe im „Faust“ geschrieben. Ich mag diesen Spruch nicht. Er passt in eine Welt, in der wir oft nicht mehr mit Namen

benannt, sondern mit Zahlen nummeriert werden. Und Zahlen sind keine Menschen. Zahlen sind berechenbar, Menschen nicht. „Name ist Schall und Rauch“ – das passt auch so gar nicht zu einem Gebet, in dem Jesus für seine Jüngerinnen und Jünger bittet: „Vater, ich habe ihnen deinen Namen offenbart ..., bewahre sie nun in deinem Namen“ (Johannes 17,6.9–19).
Und wie heißt Gott? Was für einen Namen hat er? – Gott hat tausend Namen in aller Welt und tausend Gesichter bei allen Menschen. Gott wird auf vielerlei Weisen angesprochen, verehrt und angebetet. Gott ist eine große Frage in unzähligen Herzen und wird angezweifelt in vielen Köpfen.
Entscheidend für den Glauben Israels ist, dass Gott sich selbst einen Namen gibt: „Jahwe“ – und das heißt: „Ich werde der sein, der immer für euch da sein wird“ (Exodus 3,14; 20,2). Dieser Name ist kein Begriff, der mir etwas erklärt, was ich dann wüsste. Mit seinem Namen signalisiert Gott, dass er uns begegnen und in Beziehung zu uns treten möchte. Dass er uns Wegbegleiter sein will. Er möchte uns ein Gegenüber sein, zu dem wir „Du“ sagen können. Allerdings entzieht sich Gott auch jedem menschlichen Zugriff. Sein Name besagt Nähe und Geheimnis zugleich.
Jesus gibt dem Namen Gottes noch seine ganz persönliche Note. Er nennt Gott „Abba“ – das heißt Vater und sehr liebevoll einfach „Papa“. Und er meint, wir sollten Gott auch so ansprechen. Inniger geht es wohl nicht!
Und so betet Jesus: „Vater, ich habe ihnen deinen Namen offenbart ..., bewahre sie nun in deinem Namen.“ In seinem Namen bewahrt sein – was heißt das? Ich bin in

seinem Namen bewahrt, das heißt: Ich bin von Gott als einmalig und einzigartig gewürdigt. Und Gott schützt die Würde des Menschen. Das ist auch angedeutet in diesem wunderbaren Bild, mit dem Gott durch den Propheten Jesaja spricht: „Sieh her: Ich habe deinen Namen, ich habe dich eingezeichnet in meine Hände" (49,16). In seinem Namen bewahrt sein, darunter verstehe ich auch: Gott möchte, dass ich – von ihm gehalten – lebe. Dass ich die Höhen und Tiefen des Daseins bestehe. Ein Leben, das nicht untergeht und selbst dem Tod standhält.

Der Protest

Jesus kann auch ganz anders sein. So berichtet das Johannesevangelium: Jesus ist im Tempel in Jerusalem. Auf einmal wird er wütend, er geht gegen die Geldwechsler und Taubenhändler vor und wirft ihre Tische um. Das Evangelium von der „Vertreibung der Händler aus dem Tempel" (Johannes 2,13–22) reizt seit jeher zu der Vorstellung: Jetzt schlägt Jesus zurück. Der sonst so alles widerspruchslos hinzunehmen scheint, zeigt endlich, was Sache ist. Aber wer hier ein „Gewaltpotential" bei Jesus zu erkennen meint, der täuscht sich bereits im Ansatz. Jesus weiß, dass das ganze Treiben zu den Vorgängen im Tempel gehört. Aber es geht ihm hier um etwas ganz anderes: Jesus protestiert gegen den gesamten Opferbetrieb im Tempel, er lehnt ihn radikal ab. Ganz offensichtlich konnte Jesus mit den offiziellen Gottesdiensten seines Volkes nichts mehr anfangen. Sie waren ihm schlichtweg zuwider. Das darf nun nicht isoliert, sondern muss in einem größeren Zusammenhang gesehen werden. Das ist dann der Höhepunkt seines Protests.

Ein erster Protest richtet sich gegen die strengen Sabbatgesetze: „Der Sabbat ist für den Menschen da und nicht der Mensch für den Sabbat!" (Markus 2,27). Jesus kennt keine „Sabbatängstlichkeit" (Hans Küng). Damit übt Jesus massive Institutionskritik: dass jede Institution dem Menschen zu dienen hat und dass der Mensch nicht der Institution geopfert werden darf. Dann polemisiert Jesus gegen die strengen pharisäischen Fastengebote: „Können denn die Hochzeitsgäste fasten, solange der Bräutigam bei ihnen ist? Solange sie den Bräutigam bei sich haben, können sie doch nicht fasten" (Markus 2,19)- Jesus verwirft auch jeden „Fastenaskestismus" (Hans Küng).

Schließlich der Höhepunkt des Protests: Er richtet sich gegen den gesamten Tempelkult und trifft ihn an der sensibelsten Stelle. Denn er hatte sein Zentrum in den täglich zur „Entsühnung Israels" dargebrachten Opfern. Damit tritt Jesus in die Spur der großen Propheten. Im alten Israel wettern einige von ihnen gegen den blutrünstigen und aufwendigen Pomp des antiken Opferwesens. Ebenso stellen sie ungerechte und unsoziale Zustände an den Pranger (Amos 5,21–27; Micha 6,8). Der Prophet Hosea bringt das auf den Punkt: „Liebe will ich, nicht Schlachtopfer, Gotteserkenntnis statt Brandopfer!" (6,6).

Und genau das greift Jesus auf. Er stellt sich gegen den gesamten Tempelkult und gegen die Religionsfunktionäre, die die Menschen mit strengen Gesetzen und Verboten geradezu überschütten und sie damit überfordern. Kurz angebunden sagt Jesus: „Barmherzigkeit will ich,nicht Opfer“ (Matthäus 9,13; 12,7). Jesus durchbricht damit endgültig auch die „Mauer der Unnahbarkeit Gottes“, er überbrückt für immer den „Abgrund der Gottesferne“. Er erschließt uns die Nähe und das Herz seines Gottes und Vaters. – Man braucht nicht viel Fantasie, um hier Parallelen zu heute zu erkennen.

Im Geist und in der Wahrheit

Jesus unterhält sich mit einer Frau in einem Ort in Samarien (Johannes 4,5–42). Er bricht damit gleich zwei Tabus. Einmal war es damals streng verboten, als Mann eine fremde Frau anzusprechen. Und ausgerechnet auch noch mit einer Frau aus Samarien, einer Samariterin. Menschen aus dieser Region galten bei den Juden als Häretiker, als Fehlgläubige. Sie mieden jeglichen Umgang mit ihnen.

Und dann provoziert Jesus noch einmal mit etwas anderem. Jesus und die Frau unterhalten sich darüber, ob man in Samarien oder in Jerusalem Gott recht verehrt. Da verblüfft Jesus mit der Feststellung, dass die rechte Verehrung Gottes nicht an irgendwelche Orte gebunden sei – und seien es noch so heilige Orte. Und er fährt fort: Die wahren Beter beten Gott an „im Geist und in der Wahrheit“. Ein gewichtiger Satz.

Für mich steckt hinter dem Verhalten und hinter dieser Aussage Jesu das: Gott allein ist die unbegreifliche Wahrheit. Und keine Kirche, keine Religion besitzt ein-

fach diese Wahrheit. Was die christlichen Kirchen bis heute trennt, ist demnach nicht die Wahrheit Gottes, sondern die verschiedenen Auslegungen und Deutungen, Erfahrungen und Zugänge zu dieser Wahrheit.
Die Erfahrung, die Jesus mit Gott gemacht hat – diese Erfahrung überzeugt mich am meisten. Für ihn ist Gott Liebe, mit der er jeden Menschen annimmt – ohne Vorbedingungen. Eine Liebe, in der jede und jeder unbedingt erwünscht ist. Diese Botschaft hat Jesus verkündet und gelebt, vorgelebt. In der Konsequenz – so verstehe ich Jesus – heißt das: Ohne Liebe ist nichts wahr. Menschlichkeit und Liebe sind der Maßstab für den wahren Glauben und die rechte Verehrung Gottes – und sei es am letzten Ende der Welt. In Jesu Botschaft und in seinem Leben scheint genau diese Liebe auf, die mich an Gott glauben lässt. Jesus ist für mich derjenige, dem ich seinen Gott glaube.

Beten im Geiste Jesu

Vielleicht wird mehr gebetet, als manche dies zugeben oder andere dies bemängeln. Beten ist nicht fern vom Leben, nicht abgehoben vom Alltag. Beten ist aber auch kein Automat, in den ich etwas hineinstecke, wähle, und dann werden meine Wünsche erfüllt. Auch nicht darum geht es, dass ich Gott allerhand sage, was er ohnehin weiß. Ich verstehe beten so: Gott möchte mir etwas sagen, was ich noch nicht weiß – oder was ich ahne und was wieder klar werden muss: von mir, von anderen, in einer bestimmten Situation, vom Leben. Der Trappistenmönch und Mystiker Thomas Merton

(1915–1968) bringt die Sache auf den Punkt: „Gebet besteht nicht in dem Bemühen, Gott zu erreichen, sondern darin, unsere Augen zu öffnen und zu erkennen, dass wir schon bei ihm sind."

Beten: Ich lasse mich ansprechen. Bevor ich rede, höre ich. Wenn Juden beten, dann beginnen sie: „Höre, Israel!" (Deuteronomium 6,4). Die Weisheit des Königs Salomo bestand nicht darin, dass er um ein langes Leben bat, um Reichtum und Ehre. Er bat Gott um ein „hörendes Herz" (1 Könige 3,9).

Jesus fordert seine Hörer immer wieder auf: „Wer Ohren hat zum Hören, der höre!" (Markus 4,9). Ein inneres Hören, in mich hineinhören. Die Antwort kann sehr verschieden ausfallen: Ich werde dankbar, sage Ja, gehe mit jemanden ein Stück des Weges. Oder aber ich schweige, klage, schreie. Vielleicht werde ich einfacher, fröhlicher, liebevoller.

Beten: Das heißt für mich auch, von Gott her manches in einem ganz anderen Licht sehen; mehr Nächstenliebe wahrnehmen; die Kraft bekommen, Schweres ertragen zu können. So darf ich beten, wenn es mir schlecht geht. Aber auch dann, wenn es mir gut geht.

Beten: Ich verändere mich. Ich werde von Gott her ein anderer Mensch. Ich kann die Menschen nicht ändern, oft auch nicht die belastenden Dinge in meinem Leben. Aber ich kann vielleicht anders auf sie zugehen. Und vielleicht werde ich auch geduldiger mit mir selbst.

Beten: etwas zutiefst Menschliches. Getrost sein können, Gott weiß, was ich brauche, was wirklich gut für mich ist. Und mir vielleicht eingestehen: Ich brauche Gott.

JESUS IST FÜR DEN MENSCHEN DA

„Wer mich sieht, sieht den Vater“ (Joh 14,9)
Ein Wort von Jesus. Wie meint er das? Mit dem Vater meint er Gott. Ich kann aber Gott nicht sehen. Und Jesus kann ich auch nicht sehen. Aber ich kann in den Evangelien nachschauen, was Jesus gesagt und getan hat. Und da entdecke ich nur Gutes.
Kinder zum Beispiel standen damals im Abseits, am Rande der Gesellschaft. Jesus hat Kinder um sich versammelt. Er hat sie gesegnet. Und er hat die Erwachsenen daran erinnert, wie offen, wie aufgeschlossen Kinder sind, und dass sie von ihnen lernen können. Frauen hatten in der Männergesellschaft von damals nichts zu melden. Frauen haben Jesus begleitet und ihn als einen besonderen Mann erlebt: einfühlsam, liebevoll, zärtlich. Kranke galten als von Gott gestraft – für was auch immer. Sie waren ausgeschlossen aus der Gesellschaft. Jesus hat Kranke geheilt und so ihr Leben verändert. Es hatte wieder Sinn und Zukunft. Arme waren selber schuld an ihrem Schicksal. So sah man das. Jesus hat eine Vorliebe für Arme. An sie hat er immer wieder Brot ausgeteilt. Und die Seinen fordert er bis heute auf: „Gebt ihr ihnen zu essen!“ (Lukas 9,13).
Jesus zeigt den Menschen Umrisse eines ganz anderen Lebens, eines Lebens, nach dem sie sich zutiefst sehnen. Und Jesus tut das im persönlichen und direkten Umgang mit ihnen. Er lebt vor und erzählt, dass Gott sie liebt, vorbehaltlos liebt. Wer schuldig wurde, dem hat Jesus verziehen. Wer am Boden war, dem hat er Mut gemacht, wieder aufrecht zu gehen. Wer abgeschrieben war, dem

hat er seine Würde zurückgegeben. Wer gescheitert war, dem eröffnete Jesus neue Lebensperspektiven.
So sehe ich Jesus. Und wie ist zu verstehen, dass ich dann auch Gott sehe? Ich glaube: Jesus ist durchlässig auf Gott hin. Durch Jesus hindurch kann man Gott sehen. So sehr, als wenn Gott sagen wollte: Das, was ihr von Jesus hört, was ihr bei ihm seht – das bin ich selbst. Dass das so ist, davon ist Jesus zutiefst überzeugt. Die göttliche Perspektive des Vaters ist auch Jesu Perspektive. Und davon will er auch mich überzeugen: „Wer mich sieht, sieht den Vater." In Jesus leuchtet Gott selbst auf. Und so möchte ich Gott auch sehen – in mir drin, im Herzen, in der Seele.

Jesus – Arzt und Therapeut

Vierhundert Jahre vor Christus lebte der Grieche Hippokrates, der erste Arzt für Allgemeinmedizin und berühmter Therapeut. Von ihm ist bekannt, dass er für seine Diagnose stets den Gesamtzustand eines Patienten berücksichtigte. Er beschränkte sich nicht darauf, nur das jeweils erkrankte Organ zu behandeln. Das griechische Wort für heilen heißt: „therapeuein". Doch Heilen ist bereits ein abgeleitetes Wort. Die ursprüngliche Bedeutung von Therapie ist: „anbeten und nahe sein". Gerade das hat Jesus mit Leben gefüllt: Gott anbeten und so seine heilende und helfende Nähe spüren. In den Evangelien des Neuen Testaments zieht sich das als roter Faden durch: Jesus verkündet die rettende, helfende Nähe Gottes und er heilt die Menschen von ihren seelischen, geistigen und körperlichen Gebrechen. Für ihn gehört das zusammen. Untrennbar.

In Gott geborgen sein – und so ein geheiltes, ein heiles Leben finden. Nicht dass diese Gottverbundenheit alle Krankheit wegnimmt. Aber wir sollen ihr nicht mehr heil-los ausgeliefert sein. Wir könnten frei werden von quälender Angst und blinder Schicksalsverfallenheit. Sich in Gott geborgen fühlen – das verbindet die Bibel mit der festen Überzeugung: Nichts und niemand kann uns trennen von der Liebe Gottes, nicht Krankheit und Leiden, nicht einmal der Tod vermag das (Römer 8,31–39).

Soweit wir heute wissen, hatte Jesus keinen der ihm nach Ostern zugedachten Hoheits- und Würdetitel auf sich bezogen. Er nannte sich nicht Sohn Gottes, nicht König, nicht Messias – und er ließ sich so auch nicht anreden. Auf einen Titel hatte er offensichtlich wertgelegt: auf den Arzt. Dieser Titel ist später vergessen worden. Ebenso ist aus dem Bewusstsein verschwunden, wie Jesus in den ersten Jahrhunderten der Christenheit angerufen wurde: „Hilf, Jesus Christus, du bist unser einziger Arzt!" Nicht die Gesunden brauchen den Arzt, sondern die Kranken (Matthäus 9,12). Bei Jesus allerdings sind die so genannten Gesunden die schwierige Gruppe, die sich ihrer Krankheit nicht bewusst ist. Auf den Titel Arzt weisen im Übrigen Jesu Gegner hin, wenn sie lästern: „Arzt, heile dich selbst" (Lukas 4,23). Es ist schon eigenartig und nicht weniger folgenschwer: Arzt, der wohl einzige Titel, mit dem sich Jesus ansprechen ließ – der ist abhandengekommen.

Immerhin ist von dem wohl bekanntestem Mönch des frühen Christentums der Titel überliefert: „Arzt von Ägypten". Antonius lebte dort von 251–356. Als „Vater

der Mönche“ hat er seinen Platz in der Geschichte der noch ungeteilten Christenheit. Er war eine beliebte und von vielen aufgesuchte geistliche Persönlichkeit.
Man beachte auch die „Aussendungsreden“ Jesu in den Evangelien: Markus 6,7–13; Matthäus 10,1–8; Lukas 9,1–2. Jesus sandte seine Jüngerinnen und Jünger aus mit der Vollmacht: unreine Geister auszutreiben, Kranke mit Öl zu salben und zu heilen, Aussätzige rein zu machen, Frieden zu stiften und das jetzt gegenwärtige Reich Gottes zu verkünden.
Jesus wusste, wie es um die Menschen stand, wie sie sich fühlten. Er kannte ihre Ängste und Leiden, ebenso ihre Hoffnungen und Sehnsüchte. Jesus half den Menschen, sich selbst anzunehmen, indem er sie die heilende, helfende, rettende Nähe Gottes spüren ließ. Mit der Zusage und dem Ziel: „Ich lebe, und auch ihr werdet leben“ (Johannes 14,19). Sich selbst annehmen, das ist auch heute ein großes Problem und eine wichtige Aufgabe. Dabei zu helfen und beizustehen, ist vornehmste Aufgabe derer, die sich als Christen und Kirche auf Jesus von Nazaret berufen. Das Christentum ist wesentlich eine therapeutische, auf den Menschen bedachte, eine auf den Menschen achtende Religion. So verwirklicht es den Auftrag Jesu.
Und wer ist der Mensch von heute? Nicht der kraftstrotzende, leidenschaftliche, unbändige Zeitgenosse, den es zu dämpfen und auf den rechten Weg zu bringen gilt. Das ist nicht der Mensch von heute. Weit eher zweifeln und leiden viele Menschen an ihrem eigenen Dasein. Viele sind verängstigt und werden von tiefen Selbstzerwürfnissen gequält. Die tatsächliche Befindlichkeit

vieler Menschen ist, dass sie an sich selber leiden. Und sie erwarten von der Kirche weniger dogmatische, asketische und moralische Wegweisungen, dafür Therapie und Heilung im Geiste Jesu.

Wenn das Christentum wieder deutlicher zu einer therapeutischen Religion wird und so eine helfende und heilende Gottesbegegnung möglich macht – dann kann es sich voll und ganz auf seinen Meister und Lehrer und Arzt Jesus berufen. Das ist eines der zentralen theologischen Anliegen von Eugen Biser, einem der bedeutendsten Theologen und Religionsphilosophen unserer Zeit.

Papst Benedikt XVI. würdigt in seinem ersten Buch, Jesus von Nazareth, den therapeutischen Ansatz von Eugen Biser mit der Notiz: „Heilen ist eine wesentliche Dimension der apostolischen Sendung, des christlichen Glaubens überhaupt. Eugen Biser bezeichnet das Christentum geradezu als eine therapeutische Religion – eine Religion des Heilens." Und der Papst kommentiert das mit der bemerkenswerten Feststellung: „Wenn man das in der nötigen Tiefe auffasst, ist darin der ganze Inhalt von Erlösung ausgedrückt." [6] Man höre und staune!

Ja, wenn die offizielle, die so genannte „Amtskirche" und viele Christen diese „nötige Tiefe auffassen" würden, dann stünde meine katholische Kirche ganz anders da: glaubwürdig und überzeugend. Nicht wenn wir mühsam ein paar Strukturen ändern –, das hätten wir längst tun können und auch müssen – sondern: Wenn wir uns wieder am Ursprung orientieren, an Jesus und seiner Frohen Botschaft, dann ist wahrlich pfingstliches Aufatmen und Hoffnung angesagt.

Geschichten von Jesu kraftvollem Wirken

„Wunder gibt es immer wieder" – heißt es in dem berühmten Lied von Katja Epstein. Geschichten über Wunder gab es zu allen Zeiten und in allen Religionen. Die Bibel ist voll von Wundergeschichten. Sie machen ein Viertel des Textes in den Evangelien aus. Man kann solche Geschichten ins Regal neben die Märchenbücher stellen. Wer naturwissenschaftlich denkt, dem sind Wunder ohnehin verdächtig. Sie durchbrechen die Naturgesetze. Es kann nicht geben, was es nicht geben darf.

Es gibt aber auch diese Erfahrungen: Wenn die Natur nach einem langen Winter zu neuem Leben erwacht, wenn ich das „Wunder der Liebe" entdecke, eine Mutter ihr neugeborenes Kind in den Armen hält, der Partner nach einer schweren Operation wieder genesen ist – zu solchen wunderbaren Erfahrungen fällt der Naturwissenschaft auch nichts ein. Und dann gibt es das: Der Büchermarkt boomt, was Heilungen und Heilungswunder betrifft. Es geht um den Zusammenhang von körperlich-seelischer Gesundheit, Lebenseinstellung und Glaube.

„Wunder" ist ein vieldeutiger und auch missverständlicher Begriff. Interessant ist, dass die Evangelien des Markus, des Matthäus und des Lukas den Begriff „Wunder" („thauma") gar nicht verwenden. Wunder werden oft in die Nähe von Magie und Zauberei gebracht. Wenn sie von Heilungen durch Jesus berichten, dann verwenden sie das griechische Wort „dynamis". Man braucht keine Übersetzung, um zu spüren, was damit gemeint ist: Energie und Schwung, Bewegung und „Dynamik".

Im Neuen Testament steht „dynamis“ für Leben schaffende und Leben erhaltene Kraft.
Menschen, die Jesus erleben, die hören und sehen, was er sagt und tut, die können diese Dynamik, diese Kraft Gottes spüren. Sie möchte Menschen aufrichten, die am Boden sind; Mut machen, wo alles aussichtslos erscheint; neu ins Leben rufen, wo so manches abgestorben ist. Zu allen Zeiten hat diese „dynamis“, diese Kraft Gottes, Menschen verändert, ihnen Vertrauen und Zuversicht geschenkt. Wenn ich mich nicht darauf einlassen kann, dann hoffe ich, dass ich auch in schweren Stunden nicht allein bleibe. Dass mich Menschen halten, die zu mir halten.

Geh zu dir nach Hause!

Jesus hat viele Menschen von ihren körperlichen und seelischen Gebrechen geheilt. Und in seinem Namen haben das auch die Apostel getan (Apostelgeschichte). Das war mit ein Grund dafür, dass sich die junge Christengemeinde im gesamten Mittelmeerraum schnell ausgebreitet hat. Das Besondere daran ist: Das geschah zu einer Zeit, in der Kranke gesellschaftlich und religiös ausgegrenzt waren. Vor allem die Aussätzigen, die Leprakranken, galten weniger als nichts. Man hielt sie für von Gott gestraft. Und es gab sehr viele Kranke. Für diese Menschen war es eine unglaubliche Befreiung, überhaupt ernst genommen und angehört zu werden. Und dann die Heilung!
Was muss in einem Gelähmten vorgegangen sein: Er hörte von Jesus und ließ sich von vier Begleitern zu ihm

tragen. Aber nicht einmal mehr vor der Tür war Platz, so viele Menschen waren zu Jesus gekommen, um sich helfen zu lassen. So deckten die Begleiter kurzerhand das Dach des Hauses ab und ließen den Gelähmten auf einer Tragbare an Seilen ins Innere hinein. Und wie so oft sagte Jesus auch zu diesem Kranken, als er ihn geheilt hatte: „Und jetzt geh nach Hause!“ (Markus 2,1–12).

Falls diese geächteten und ausgeschlossenen Leute überhaupt noch ein Zuhause hatten, dann waren es wohl armselige Behausungen. Dahin sollten sie zurück, und das war es dann? Dieses „nach Hause“ entspricht nach griechischem Empfinden einem „eis ta idia“. Und das bedeutet etwas anderes als zurück in die armselige Hütte. „eis ta idia“ hat einen tiefen Sinn und heißt übersetzt: Geh in das dir Eigene! Geh zu dir selbst zurück, zu dem, was dich ausmacht! Komm zu dir selbst und bleib dir treu. Geh wohlbehalten und in Frieden! Geh getrost und mit Zuversicht! Du bist nicht mehr der alte, du bist ein neuer Mensch geworden, äußerlich und innerlich heil, geheilt. In diesem Sinne: Geh zu dir nach Hause! „eis ta idia“ steht nicht wörtlich für „geh nach Hause“, aber es entspricht dem griechischen Empfinden und hat sein großes Vorbild im Johannesevangelium: Gott kam in Jesus „in sein Eigentum – eis ta idia“ (1,11), in das Seine, in diese Welt und zu dieser Menschheit. Ihr gilt seine ganze Liebe (Johannes 3,16).

Und dann gibt es da noch eine interessante Parallele: Bei einer heftigen Auseinandersetzung sagt Jesus: „Reißt diesen Tempel nieder“ – er meint den Tempel in Jerusalem – und er fährt fort: „in drei Tagen werde ich ihn wieder aufrichten." Die Leute verstehen das wörtlich und erwidern: „Sechsundvierzig Jahre wurde an diesem Tempel gebaut, und du willst ihn in drei Tagen wieder aufrichten?" – Selbst seine Jüngerinnen und Jünger verstehen zunächst nicht, was Jesus damit meinte. Er meint den „Tempel seines Leibes" (Johannes 2,13–22). Ich verstehe darunter den zu Gott auferweckten Jesus, in dem Gott auf neue Weise gegenwärtig ist. Die Zeit des irdischen Tempels in Jerusalem ist vorbei.

Eine neue Sicht

„Ich bin überrascht, wie Ihre Sehkraft in kurzer Zeit stark nachgelassen hat" – das sagte der Augenarzt zu mir. Lesen und schreiben, in die Nähe sehen, das ist mir immer schwerer gefallen und beim Gehen hat es mich verunsichert. Das hatte ich immer deutlicher gespürt. Doch die Diagnose dann hat mich geschockt. Jetzt war es „amtlich". Ich bekam es mit der Angst zu tun.

Dann die Unsicherheit vor der Operation. Kann man diesen Prozess noch aufhalten? Wird das wieder einigermaßen gut? In meinem Beruf brauche ich ein ordentliches Augenlicht. Oder werde ich möglicherweise auf einem Auge blind? – Diese Fragen haben mich schon umgetrieben.

Dank moderner Medizin kann ich nach drei Operationen für mein Alter wieder erfreulich gut sehen. Dafür bin ich sehr dankbar, den Ärzten und Gott. Vor noch nicht allzu langer Zeit wäre ich auf einem Auge blind gewesen. Und ich lebe in einem Land, in der die beste medizinische Versorgung selbstverständlich ist. Was da

heute erreicht wird, damit Menschen wieder sehen können – das grenzt für mich an Wunder.
Ein Wunder in der Bibel sehe ich seitdem mit anderen Augen. Es steht im Markusevangelium. Vom blinden Bettler Bartimäus wird erzählt. Mit letzter Kraftanstrengung und allen, die ihn daran hindern wollten, zum Trotz, versucht er, an Jesus heranzukommen. Wenn ihm einer helfen kann, dann Jesus. Ihm zu begegnen, darin sieht er die Chance seines Lebens, wieder sehen zu können. Und so geschieht es. Bartimäus kann wieder sehen (10,46–52). Aber nicht nur das. Er ist ein anderer Mensch geworden. Sein ganzes Leben sieht er neu. Es heißt, dass er bei Jesus geblieben und sein Jünger geworden ist. Mich bewegt diese Geschichte heute anders als früher.
Ich kann besser mitfühlen, denke ich an die sehbehinderten und blinden Menschen in den Armenhäusern der Welt, die keine Chance haben, geheilt zu werden. Es fehlt dort an den medizinischen Voraussetzungen oder sie haben kein Geld für Operationen, die ihnen mit oft recht einfachen Mitteln die Sehkraft wiedergeben könnten.
Und ich denke an die Blinden hier, die blind geboren oder für immer erblindet sind. Ich möchte von ihnen lernen, in meinem Innern mehr und tiefer wahrzunehmen. Vielleicht muss ich als Sehender manchmal die Augen schließen, um besser sehen zu können. Doch selbst wenn es Menschen gibt, für die ihr Blindsein endgültig ist, so muss es nicht ihr ganzes Wesen und ihre Existenz ausmachen. Ich wünsche ihnen, dass sie über die Welt und die alltägliche Wirklichkeit hinaus-

schauen können. Und ich halte auch das für möglich: Wer nie das Licht der Welt gesehen hat – der kann vielleicht tief innen ein großes Licht schauen.

Das Wunder der Sprache

Ich staune immer wieder darüber, was es heißt, sprechen zu können. Was für ein Geschenk das ist: sich mitteilen und aussprechen, sich anvertrauen und miteinander reden. Theater und Musical, Unterhaltung und Gesang, der geistliche Impuls im Radio – all das wäre undenkbar ohne die Sprache. Wir können von schönen Erlebnissen berichten und Erfahrungen austauschen; Verzagten Mut machen und Kranke trösten; unseren Kindern sagen, dass wir sie lieb haben; und manchmal auch unserem Ärger Luft machen.

Sprechen. Mir ist das neu aufgegangen beim Besuch in einem Heim für Gehörlose. Wie viel Mühe und Geduld hier Menschen mit ihrer Gebärdensprache aufbringen, um sich zu verständigen!

Und wie mag es dem „Taubstummen", sprich Gehörlosen, ergangen sein, den Jesus geheilt hatte, sodass er wieder hören und richtig reden konnte. Eine Geschichte, die im Markusevangelium erzählt wird (7,31–37). Jesus ruft dem Mann zu: „Effata! – das heißt: Öffne dich!" Damit ist nicht nur das kranke Organ gemeint. Damit ist der Geheilte gemeint, der wieder hören und richtig reden kann. Er ist ein neuer Mensch geworden, offen für eine hellere Zukunft.

Schön für diesen Menschen, der vor 2000 Jahren von Jesus geheilt wurde. Was aber sagt mir das?

Mich beschäftigt dieses „Effata – öffne dich!“ Ich verstehe das auch als Appell an mich: Öffne dich, wenn du in dich selbst verschlossen bist, innerlich zu, nicht ansprechbar! Öffne dich für Gott, für seine Stimme in dir, für das, was Gott mit dir vorhat! Vielleicht möchte er mich damit überraschen, neue, bislang unentdeckte Seiten im Buch meines Lebens aufzuschlagen.
Und dann spüre ich: Wenn ich mich für Gott öffne, dann werde ich mich auch öffnen für Menschen, die in Not geraten sind und die meine Hilfe brauchen. Und: Wenn ich offen bin für die Mitmenschen, dann könnte das auch meinen Sinn für Gott schärfen.

Vertrauen statt Rechtgläubigkeit

Lepra ist eine schlimme Hautkrankheit. Leprakranke gibt es heute noch, vor allem in tropischen Ländern. In der Bibel heißen Leprakranke Aussätzige. Nochmals: Aussätzige, das waren die Ausgeschlossenen der damaligen Gesellschaft. Man hielt sie für von Gott gestraft. Und sie galten weniger als nichts.
Jesus setzt sich darüber hinweg und heilt zehn Aussätzige. So erzählt es das Lukasevangelium (17,11–19). Jesus schickt sie zu den Priestern, damit diese die Heilung bestätigen. Die Priester sind damals eine Art Gesundheitsbehörde. Die Geheilten haben ihre schlimme Krankheit hinter sich gebracht. Sie sind gesund und somit sozial und religiös wieder integriert.
Nur einer bedankt sich bei Jesus. Für ihn ist der Fall nicht einfach abgeschlossen. Er ist ein neuer Mensch geworden, äußerlich und innerlich heil. Und er, der sich

bedankt, ist ausgerechnet ein Samariter. Die Leute aus Samarien galten in Israel als Fremde, ja als Feinde. Und sie waren wegen ihrer Art zu glauben geächtet. Jesus begegnet diesem Fremden mit Freundlichkeit. Er heilt ihn und schätzt seinen Glauben. Es ist nicht das einzige Mal, dass Jesus den Glauben heidnischer, sprich nichtjüdischer Menschen seinen Landsleuten als Beispiel hinstellt. Das ist ein Wesenszug von ihm (vgl. Matthäus 15,21–28; Lukas 7,1–10).
Doch was Jesus da tut, ist für seine Glaubensgenossen ungeheuerlich, ja gotteslästerlich. Ich möchte nicht wissen, wie viele Christen heute ähnlich denken, wenn ihnen Andersgläubige als Vorbilder genannt werden. Für mich bedeutet dieses Verhalten Jesu: Er erwartet von uns nicht in erster Linie Rechtgläubigkeit und Gesetzestreue, sondern Vertrauen und Liebe. Und Jesus wird – davon bin ich überzeugt – einmal nicht fragen: Hast du alle Dogmen für wahr gehalten, alle Bekenntnisse mitgesprochen, alle Moral eingehalten? Vielleicht könnte er aber so fragen: Woraus hast du gelebt? Wem galt dein Vertrauen? Wie hast du geliebt?

Mädchen – steh auf!

Hier handelt es sich um ein Wunder, das den seitherigen Rahmen sprengt. Jesus erweckt ein Mädchen vom Tod. Das steht im Markusevangelium (5,35–43). Selten wird Jesus so aufgewühlt beschrieben wie hier. Als er in das Haus des toten Mädchens kommt, lärmen und kreischen die Leute. Jesus stört das Geschrei und er provoziert die Menge, dass das Mädchen nur schlafe. Als

darauf die Stimmung kippt und die Leute Jesus auslachen, wird er böse und wirft sie alle hinaus.
Jesus geht in das Zimmer des Mädchens, fasst es bei der Hand und sagt: „Mädchen – steh auf!"
Hat Jesus wirklich die Macht, über den Tod zu bestimmen? Ich glaube: Dass wir endlich sind und sterben müssen – diese Tatsache setzt Jesus nicht einfach außer Kraft. Warum aber dann diese Geschichte?
Es geht hier um mehr als den Tod. Es geht um den engen Zusammenhang von Leben und Tod. Danach ist die Auferstehung zu neuem Leben kein fernes, fremdes Ereignis, irgendwann einmal am Ende der Zeit, sondern beginnt schon jetzt. Diese Überzeugung zeigt sich auch in der Geschichte von der Auferweckung des Mädchens. Sie gipfelt letztlich darin, dass Jesus von sich selbst sagt: „Ich bin die Auferstehung und das Leben!" Und Jesus ermutigt zum Glauben: „Wer an mich glaubt, wird leben, auch wenn er stirbt" (Johannes 11,25–26).
Für mich heißt das, an etwas Unglaubliches zu glauben: Bei Jesus gibt es keine Grenze zwischen Zeit und Ewigkeit, zwischen Erde und Himmel, zwischen Menschlichem und Göttlichem. Das Unglaublichste am christlichen Glauben ist die Botschaft, dass der Tod nicht das Ende ist, sondern der Anfang neuen Lebens. Diese Botschaft stellt die Welt und alle Erfahrungen auf den Kopf. Und so ruft Jesus die Tote ins Leben: „Mädchen – steh auf!" Ich finde das sehr spannend. Und wenn ich mich auf diese unglaubliche Botschaft einlassen kann, dann halte ich auch das für möglich:
Wer blind geboren ist und nie das Licht der Welt gesehen hat – der kann tief innen ein großes Licht schauen.

Wer sich für lebendig tot hält, weil er mit dem Dasein nicht fertig wird – der kann neu geboren werden durch Liebe, die er erfährt.
Wer schwer krank den Tod vor Augen sieht – der kann ein Stück Ewigkeit ahnen.

Wo Jesus sich zuhause weiß

„Warum hat Gott so viele Häuser und wir haben keines?" – Das fragt ein kleines Mädchen die Schwester Hanna in der ARD-Erfolgsserie „Um Himmels willen". Sie ist mit ihrer Mutter und ihrem Geschwisterchen ständig unterwegs, weil sie keine Wohnung, kein Zuhause haben. Im Film wendet sich natürlich alles zum Guten. Doch mir geht die Frage des kleinen Mädchens nach. So könnten Unzählige fragen, bei uns und in den Armenhäusern der Welt: „Warum hat Gott so viele Häuser und wir haben keines?" Diese Frage rührt an mein christliches Selbstverständnis.
In 2000 Jahren Kirchengeschichte haben Christen unzählige Kirchen gebaut, kleine und große – zur Ehre Gottes und um miteinander Gottesdienst zu feiern. Tiefer Glaube und künstlerische Fantasie haben wahre Meisterleistungen geschaffen. Romanische, gotische, barocke und moderne Baustile zeugen davon. So manche Kathedrale und Klosteranlage gehören zum Weltkulturerbe der Menschheit. Etwa die großartige Zisterzienserabtei Maulbronn. Wir wären arm ohne diese Zeugnisse geistigen und geistlichen Schaffens.
Doch die Frage des kleinen Mädchens lässt mich nicht los: „Warum hat Gott so viele Häuser und wir haben

keines?“ – Sie erinnert mich an zwei Worte Jesu. Einmal sagt Jesus: „Wo zwei oder drei in meinem Namen versammelt sind, da bin ich mitten unter ihnen“ (Matthäus 18,20). Diese Zusage ist mit keinerlei baulichen Bedingungen verknüpft. Das zweite Wort Jesu – und da geht es ans christlich Eingemachte –, da identifiziert sich Jesus mit den Genannten: „Was ihr für eine meiner geringsten Schwestern/für einen meiner geringsten Brüder getan habt, das habt ihr mir getan“ (Matthäus 25,40). Da sind wir dicht dran, an Jesus, und wo er sich ganz besonders zuhause fühlt.

Dem kleinen Mädchen würde ich auf seine Frage etwa so antworten: „Siehst du, die Menschen haben Gott zu Ehren schon immer Kirchen gebaut. Aber für Gott ist etwas anderes viel wichtiger. Für ihn ist das wichtig, was Jesus gesagt und getan hat: vor allem den Menschen helfen, die in Not geraten sind.“

War Jesus liberal?

Diese Frage des bedeutenden Bibeltheologen Ernst Käsemann in seinem bis heute lesenswerten Buch „Der Ruf der Freiheit“ greife ich nach bald 50 Jahren gerne wieder auf. Ich teile seine Feststellung: „Liberal war er anders als alle andern.“ [7] Der Erweis dafür ist leicht zu erbringen, wenn man genau hinschaut, wie Jesus mit Menschen umgegangen ist – gerade mit denen, die bei den „andern“ keine Chance hatten.

Barmherziger Heide

„Ich bin lieber ein barmherziger Heide" – so steht es als Graffiti an einer Kirchenwand. Ein merkwürdiger Spruch. Und warum an einer Kirchenwand? „Ich bin lieber ein barmherziger Heide" – da fehlt doch noch das „als ..." Vielleicht: „als fromm, aber nicht überzeugend", „als rechtgläubig, aber nicht menschlich", „als ein Christ, aber nicht barmherzig". Da gibt es mehrere Ergänzungsmöglichkeiten.

Was immer sich der oder die dabei gedacht oder welch bittere Erfahrung jemand mit Christen gemacht hat – mich fordert dieser Spruch heraus: Was bin ich für ein Christenmensch im Alltag? Bin ich etwa unausstehlich? Oder fühlen sich Menschen wohl in meiner Nähe? Kommt etwas rüber von meinem christlichen Glauben? In Richtung: freundlich, respektvoll, hilfsbereit. „Ich bin lieber ein barmherziger Heide" – diesen Spruch an einer Kirchenwand verstehe ich als Appell an mich: „Sei ein barmherziger Christ!"

Mich fasziniert immer wieder die Freiheit und die Toleranz, mit der Jesus Fremde und Heiden – sprich: Nichtjuden – aufgrund ihres vorbildlichen Verhaltens in die Mitte rückt. Frauen und Männer, die nichts oder kaum etwas von dem Gott Israels wissen, die sich aber so verhalten, wie Gott es sich wünscht. Und ganz anders als viele, die sich zu selbstverständlich für die Auserwählten halten.

Einmal reagiert Jesus recht barsch auf die Bitte einer Frau. Doch nach dieser recht unschönen und für Jesus nicht gerade rühmlichen Auseinandersetzung mit jener syrophönizischen Frau, einer Heidin, zeigt sich

Jesus schließlich tief beeindruckt von ihr und lobt sie als Vorbild an Glauben und Vertrauen: „Frau, dein Glaube ist groß. Was du willst, soll geschehen" (Matthäus 15,21–28; Markus 7,24–30).
Ein andermal ist Jesus erstaunt über den außergewöhnlichen Glauben eines römischen Hauptmanns in Kafarnaum: „Nicht einmal in Israel habe ich einen solchen Glauben gefunden" (Lukas 7,1–10; Matthäus 8,5–13; Johannes 4,46–53).
Als Jesus zehn Aussätzige (Leprakranke) geheilt hatte, kehrte nur einer zurück, um Jesus zu danken und Gott zu loben. Es war ausgerechnet ein Samariter, ein Häretiker. Mit den Samaritern mieden viele Juden jeglichen Kontakt. Jesus reagiert enttäuscht und verwundert: „Es sind doch alle zehn rein geworden. Wo sind die übrigen neun? Ist denn keiner umgekehrt, um Gott zu ehren, außer diesem Fremden? Und er sagte zu ihm: Steh auf und geh! Dein Glaube hat dir geholfen" (Lukas 17,11–19).
Und Jesus erzählt von einem weiteren Samariter, der sich einem Notleidenden als Nächster erweist, als „barmherziger Samariter" (Lukas 10,25–37; Matthäus 22,35–40; Markus 12,28–31).

Freund der Kinder

„Wenn du mit deiner Weisheit am Ende bist, dann frage die Kinder" – das sagt der Schweizer Pädagoge Pestalozzi (1746–1827) bereits vor 200 Jahren. Kinder sind noch nicht fertig, noch nicht festgelegt. Sie sind voller Überraschungen. Zugleich sind sie zerbrechlich, verwundbar, darauf angewiesen, dass wir gut zu ihnen

sind. Sie erinnern uns Erwachsene auch daran, dass die wesentlichen Dinge im Leben nicht gekauft und nicht gemacht werden können, sondern geschenkt sind: Zuneigung, Vertrauen, Geborgenheit, Liebe. Das macht Kinder so liebenswürdig.
Jesu besondere Liebe galt den Kindern. Einmal sagte er scharf und provozierend: Wer einem Kind Böses antut, „für den wäre es besser, wenn er mit einem Mühlstein um den Hals im Meer versenkt würde“ (Matthäus 18,6). Das ist kein göttliches Todesurteil, aber eine scharfe Mahnung, dass wir die Kinder achten und ehren, sie nicht verwahrlosen lassen, sie nicht der Karriere oder sonstigen „Goldenen Kälbern“ opfern. Gegen die geringschätzigen Blicke vieler Zeitgenossen rief Jesus immer wieder Kinder zu sich, stellte sie in die Mitte, umarmte und segnete sie (Matthäus 19,13–15). Jesu Verhalten gegenüber den Kindern ist auch ein Protest gegen alles Böse, das Kindern angetan wird. Zugleich ist es ein Appell: Wir sollen unsere Kinder lieben, sie hegen und pflegen, sie fordern und fördern – die eigenen und die anderen!
Ich bin immer wieder fasziniert, wie liebevoll Jesus mit den Kindern umgegangen ist. Wenn ich so wäre wie er, und immer wieder bemühe ich mich darum, dann sähe die Welt anders aus. Davon bin ich überzeugt. Denn:

„Lebt ein Kind inmitten von Zwietracht,
lernt es zu hassen.

Lebt ein Kind inmitten von Angst,
lernt es zu fürchten.

Lebt ein Kind inmitten von Mitleid,
lernt es zu nehmen.

Lebt ein Kind inmitten von Zuneigung,
lernt es zu lieben.

Lebt ein Kind inmitten von Achtung,
lernt es das Leben.“ [8]

Der unvergessene Johannes XXIII. hatte nach seiner Wahl zum Papst den vielen Menschen auf dem Petersplatz in Rom zugerufen: „Und nun geht nach Hause und streichelt eure Kinder!“

Die Alternative

„Das Gesetz schreibt vor, solche Frauen zu steinigen“ – das hört sich an wie in einem schlechten Film. Wenn nach der Vorstellung von Männern Frauen etwas Unmoralisches, etwas Unehrenhaftes getan haben: eine vom Familienclan nicht erlaubte Freundschaft mit einem Mann, voreheliche Beziehung oder gar Ehebruch. Der barbarische „Ehrenmord“ kommt mir da in den Sinn.

Doch diese Grausamkeiten vor allem gegen Frauen haben eine lange Tradition. Auch Jesus wurde damit konfrontiert. Ehebruch war damals zu einem Verbrechen nur für die Frau geworden und mit dem Tode zu bestrafen, sprich steinigen. Ehebruch, von Männern begangen, war nicht strafbar. Die Scheidung einer Ehe ging allein auf Kosten und zu Lasten der Frauen.

Eines Tages schleppen – selbstverständlich Männer – eine Frau vor Jesus, die in flagranti beim Ehebruch überrascht worden war. Das Johannesevangelium (8,1–11) berichtet davon. Nach geltendem Gesetz muss sie gesteinigt werden. Und sie sind drauf und dran, das auch zu tun. Mit bösen Hintergedanken fragen sie Jesus: „Wie siehst du das?“ – Jesus gibt sich unbeeindruckt. Er diskutiert nicht mit ihnen; er argumentiert nicht für oder gegen die Frau; und er richtet nicht. Jesus malt mit dem Finger im Sand herum. Als sie hartnäckig weiterfragen, schockiert er sie: „Wer von euch ohne Sünde ist, werfe als Erster einen Stein auf sie.“ – Das sitzt. Beschämt zieht sich einer nach dem anderen zurück, die Ältesten zuerst.
Jesus ist allein mir der völlig eingeschüchterten Frau. Was sie getan hat, kommentiert er nicht, er billigt es auch nicht. Aber er eröffnet ihr, deren Leben nach menschlichem Gesetz nichts mehr wert war, eine neue Lebensperspektive, eine neue Zukunft.
Mir geht das unter die Haut. Jesu zwingendes Argument ist der Spiegel, den er den Menschen vorhält: Jeder ist vor Gott unvollkommen. Niemand kann mit gutem Gewissen einen anderen vorschnell moralisch verurteilen. Und was mich an Jesus fasziniert: Gegen das Gesetz maßloser Verurteilung geht er den Weg maßloser Vergebung, und das gegenüber Frauen und Männern.

Die weinenden Frauen

In der Karwoche hört man in den Kirchen von dramatischen Szenen am Ende des Lebens Jesu. Auf seinem Weg zur Kreuzigung sind ihm einige Frauen gefolgt, „die um ihn klagten und weinten“ – heißt es im Lukasevangelium (23,26–31). Eine fast beiläufig erwähnte, anrührende Randnotiz. Ist sie aber nicht!

Man kann annehmen: Es sind Frauen gewesen, die Jesus begleitet haben und die jetzt um den Mann weinen, auf den sie so viel Hoffnung gesetzt haben – dass sie endlich befreit würden: aus gesellschaftlicher, sozialer, politischer und religiöser Unterdrückung. Was für ein selbstbewusstes, rebellisches, wohl aber auch verzweifeltes Verhalten dieser Frauen! Sie wagen es, ihre Trauer und ihren Schmerz öffentlich zum Ausdruck zu bringen. Und das in einer Zeit, in der Frauen keine Rechte haben und ohne Mann öffentlich nicht auftreten dürfen. Es wird zwar nicht berichtet, aber es ist nicht daran zu zweifeln, dass die Tempelaufseher und die römischen Soldaten versucht haben, diese Frauen – entsprechend damaliger Ordnung – zum Schweigen zu bringen.

Jesus hält an auf seinem Kreuzweg und dankt den mutigen Frauen. „Töchter Jerusalems“, nennt er sie. Was bedeutet: „Gottes, seines Vaters geliebte Töchter“. Eine großartige, wunderbare Begegnung!

Die weinenden Frauen am Kreuzweg Jesu zögern nicht, die Regeln der gesellschaftlichen und religiösen Moral zu brechen. Ohne Worte erklären sie ihren Widerstand gegen das Unrecht und die Grausamkeit, mit der man gegen Jesus vorgegangen ist. Frauen, die gegen eine töd-

liche Männerherrschaft protestieren. Der erste zivile und religiöse Ungehorsam von Frauen in der Geschichte der Christenheit!
Seinen Grund hat das darin, dass Jesus den Frauen ganz anders begegnet, als die Männer seiner Zeit es getan haben. Jesus muss auf die Frauen anziehend gewirkt haben. Vielleicht gerade deshalb, weil sie gespürt haben, dass er kein Macho war, sondern ein einfühlsamer, liebevoller und zärtlicher Mann. Dem es aber auch nicht an Entschlossenheit gefehlt hat, öffentlich für die Frauen einzutreten.
Mit Jesus entsteht für die Frauen ein „Klima der Freiheit". Manche Religionsfunktionäre mag das schon damals beunruhigt haben. Manche beunruhigt das bis heute. Doch Frauen, die aus dem Schatten einer Männerherrschaft in Religion und Gesellschaft heraustreten – sie können sich jederzeit auf Jesus berufen.

Pharisäer sind nicht gleich Pharisäer

Der ist ein Pharisäer, ein Heuchler, ein selbstgerechter, hochmütiger Typ. Dieses schlechte Image stammt von jenem Pharisäer in der Bibel, der betet: „Gott, ich danke dir, dass ich nicht wie die anderen Menschen bin, die Räuber, Betrüger, Ehebrecher oder auch wie dieser Zöllner dort" (Lukas 18,11). Überhaupt kommen die Pharisäer im Neuen Testament nicht gut weg. Die Schriftsteller des Neuen Testaments tun den Pharisäern Unrecht, indem sie sie pauschal verurteilen und Jesus Worte in den Mund legen, die kaum der Wirklichkeit entsprechen. Beispiel: „Weh euch, ihr Scheinheiligen!

Ihr versperrt den Zugang zu Gottes neuer Welt. Ihr selbst kommt nicht hinein und hindert auch noch andere daran" (Matthäus 23,13; 23,1–36).
Das lässt sich vielleicht dadurch erklären, dass sich die jüdischen Gläubigen und die junge Christengemeinde immer fremder geworden sind und einander mit großem Misstrauen begegnet sind.
Pharisäer – was sind das für Leute? Sie sind zur Zeit Jesu eine bedeutende religiöse Bewegung mit einem großen Einfluss auf das Leben der Menschen. Sie sind gebildete und gesetzeskundige Leute, die sich ernsthaft dem Studium der Heiligen Schrift widmen. Im Gegensatz zu den Priestern kümmern sie sich um die einfachen Leute. Allerdings verpflichten die Pharisäer die Gläubigen, die religiösen Gebote und Vorschriften streng einzuhalten, und zwar in allen Lebensbereichen. Nur so könne man vor Gott bestehen. Und genau das kritisiert Jesus: Sie ehren Gott mit den Lippen und mit vielen Äußerlichkeiten, ihr Herz aber ist weit weg von ihm. Gott aber legt Wert auf das Herz, auf die Haltung, auf das, was von innen kommt (Markus 7, 1–23).
Jesus führt aber auch gute Gespräche mit Pharisäern, etwa mit Nikodemus (Johannes 3, 1–13). Und vieles von dem, was Jesus lehrt, findet sich in Texten zeitgenössischer Pharisäer. Gamaliël, von dem die Apostelgeschichte erzählt, ist einer dieser noblen Vertreter (22,3; 5,34–39)
Und: In dem Prozess, der Jesus vor seiner Kreuzigung gemacht wird, spielen die Pharisäer keine Rolle. Sie sind nicht dafür, dass Jesus gekreuzigt wird. Das kann man daraus schließen: Es gab verschiedene Pharisäer-

Schulen mit unterschiedlichen Lehrmeinungen. Da wurde auch heftig gestritten. Aber wegen einer anderen Lehrmeinung war es bei den Pharisäern nicht üblich, jemandem nachzustellen, ihn zu verfolgen, schon gar nicht jemanden zu Tode zu bringen. Pharisäer sind nicht gleich Pharisäer. Auch sie verdienen eine gerechte Beurteilung.

Die Chance für Judas

Es ist ein faszinierendes Bild. Ich stand lange davor. Da wird ein hilfloser Mensch, der aus eigener Kraft nicht mehr gehen kann, von einem anderen über die Schultern gelegt und getragen. Es ist eine Art „Steinrelief". So jedenfalls erinnere ich mich an das Bild. Es stammt aus dem 12. Jahrhundert und befindet sich in der Basilika St. Madeleine in Vézelay in Burgund.
Wenn man es genauer anschaut, entdeckt man etwas Besonderes. Die Vorderseite zeigt, wie sich Judas, ein Jünger Jesu, mit einem Strick erhängt. Das entspricht der Botschaft der Passionsgeschichte in den Evangelien. Nachdem er Jesus „verraten" hatte – wie es dort heißt –, hatte Judas keinen anderen Ausweg mehr gesehen. Die Evangelien tun sich offensichtlich schwer mit dieser tragischen Gestalt an der Seite Jesu. Warum sich Judas das Leben nimmt, bleibt im Dunkeln.
Doch mit diesem Ende wollte sich der Künstler von Vézelay nicht zufriedengeben. Und so hat er in großer künstlerischer und gläubiger Freiheit diese tragische Judasgeschichte weitergeschrieben. Auf der Rückseite des Reliefs legt sich Jesus den toten Judas über die Schul-

tern und trägt ihn als der „Gute Hirte“ zurück zu den Seinen. Diese Szene zeigt, dass sich Jesus zu keiner Zeit veranlasst sah, sich von Judas zurückzuziehen, ihn von seiner Zuneigung auszuschließen. Ein starkes Bild und was für eine Botschaft! – Es bleibt nicht bei der Verzweiflung und beim Strick. Da ist einer, der die Last des Unerträglichen mitträgt und aushält. Was für eine Barmherzigkeit! Was für eine Liebe! Eben: das „Erkennungsmerkmal“ Jesu.
Mit seiner Botschaft – in Stein gemeißelt – trifft der Künstler mitten hinein ins Zentrum der biblischen, der christlichen Botschaft. Und diese Botschaft zeigt Barmherzigkeit – innerhalb und außerhalb der Kirche. Sie lädt ein zu einer Kultur der Vergebung, die nicht nachträgt, verurteilt und ausschließt, sondern einen Neuanfang möglich macht. Diese Botschaft könnte auch ein „Erkennungszeichen“ sein für eine glaubwürdige und überzeugende Kirche.
Da ist Jesus, der den Judas – der sich selbst getötet hat – vom Baum holt und über den Schultern trägt. Ich hoffe: Für alle, die unter einer solchen Situation leiden und sich schuldig fühlen – eine ungemein tröstliche Botschaft.

Inkonsequent aus Liebe

Diesen Satz glaube ich Jesus nicht: „Wer mich vor den Menschen verleugnet, den werde auch ich vor meinem Vater im Himmel verleugnen.“ Das hat er aber gesagt. Im Matthäusevangelium (10,32–33). Aber ich will ihm diesen Satz einfach nicht abnehmen. Ich glaube nicht,

dass er irgendjemanden verleugnet. Ich glaube das deshalb nicht, weil es in krassem Widerspruch steht zu dem, was Jesus sonst gesagt und getan hat.
Menschen, die schuldig geworden waren, hat er vergeben. Wer im Glauben schwach geworden ist, den hat er nicht ermahnt, sondern ihm Mut gemacht. Arme und Kranke hatten oft gar keine Kraft, zu bekennen oder zu verleugnen. Sie kämpften ums Überleben. Ihnen hat Jesus geholfen, er hat sie geheilt, sie aufgerichtet und ihnen neue Lebensperspektiven gegeben.
Jesus hat seinen jüdischen Zeitgenossen immer wieder heidnische Frauen und Männer als gläubige Vorbilder vor Augen gestellt. Und Heiden waren Nichtjuden, die einer anderen Religion angehörten. Auch die haben sich nicht zu Jesus bekannt, allerdings haben sie ihn auch nicht verleugnet.
Seine Verwandten haben Jesus abgelehnt, sie hielten ihn für einen Spinner. Er hat viel Widerstand gespürt, sogar Feindschaft. Und der religiösen und politischen Elite war er schon lange ein Dorn im Auge. Ich kann mir vorstellen, dass das Jesus alles sehr enttäuscht hat. Das ist herauszuhören, wenn er sich fragt, ob er am Ende „auf der Erde (überhaupt) noch Glauben vorfinden wird" (Lukas 18,8).
Hätte er da nicht rundum alle vor seinem Vater im Himmel verleugnen müssen – ausgenommen ein paar wenige Getreue? Doch es kommt noch heftiger. Was da innerhalb weniger Tage passiert, ist schon sehr seltsam. Jesus reitet auf einem Esel nach Jerusalem hinein. Seine Weggefährten überstürzen sich schier vor Freude. Ein paar Tage später hauen dieselben, die noch zuvor geju-

belt haben, Hals über Kopf ab – als Jesus gekreuzigt wird. Bleibt anzumerken: Die Männer sind auf und davon. Einige Frauen aus der Gefolgschaft Jesu setzen sich dem grausigen Geschehen aus und bleiben bei ihrem geliebten Meister. Nachzulesen in der Passionsgeschichte der Evangelien.

Dieser Umschwung ist doch seltsam. Einige Jahre sind sie mit Jesus gezogen, haben seine Botschaft gehört und waren Zeugen seiner wunderbaren Taten. Wie lässt sich dann dieses Verhalten erklären? Haben sie Jesus und seine Botschaft doch nicht verstanden? Für mich reimt sich manches zusammen, wenn ich bedenke, was für eine Mannschaft Jesus da zusammengestellt hat. Bei der Auswahl hat er keine Gesinnungstests angestellt. Auf bürgerliche Wohlanständigkeit hat er keinen Wert gelegt. Welchen Ruf jemand hatte, ist ihm völlig gleichgültig gewesen. Also konnte man mit einer illustren Gesellschaft rechnen.

Da ist Petrus, ein einfacher Mann und bodenständiger Fischer. Matthäus, Zöllner und Beamter der bei den Juden verhassten römischen Besatzungsmacht. Judas, Mitglied einer extremistischen Bewegung, die gegen die römischen Besatzer kämpfte. Dann die Frauen um Jesus. Nicht wenige waren alleinstehend, bettelarme Witwen, Frauen, die sich nur als Prostituierte über Wasser halten konnten und die in ihren Dörfern wie Aussätzige behandelt wurden. Die Gesellschaft um Jesus ist also ein ziemlich bunter Haufen gewesen. Jede und jeder hatte so seine eigene Vorstellung von Jesus. Trotzdem sind sie ihm gefolgt, so unterschiedlich sie auch waren.

Der unehrenhafte und grausame Tod Jesu am Kreuz machte ihren Hoffnungen ein jähes Ende. Das Kreuz vor Augen, haben ihn außer einigen Frauen alle seine Begleiter verlassen und verleugnet.
Aber Jesus macht seine Ankündigung dann doch nicht wahr. Er verleugnet seine Gefährten nicht. Er gibt ihnen, was sie in ihrer Situation brauchen: Güte und Mitgefühl. Und er gibt ihnen eine unglaubliche Chance. Er betraut sie mit wichtigen Aufgaben in der jungen Christengemeinde. Jesus korrigiert sich selbst. Er übt Nachsicht, mehr noch: Er ist inkonsequent – aus Liebe! Inkonsequent – aus Liebe! Da fühl ich mich auch angesprochen. Wenn ich daran denke, wie schwach mein Glaube und wie wenig überzeugend mein Leben als Christ auch sein kann – dann tut eine solche Botschaft gut, bis in die Seele hinein gut.

JESU LEBENSSTIL – EINE EINLADUNG

Jesus konnte ganz schön anmaßend sein – zumindest auf den ersten Blick. „Wer Vater oder Mutter, wer Sohn oder Tochter mehr liebt als mich, ist meiner nicht würdig." – Das steht im Matthäusevangelium (10,37–39). Jesus scheint es darauf angelegt zu haben, die Leute zu schockieren. Was ist da bloß in Jesus gefahren? Statt sich zu freuen, dass eine Familie intakt ist, dass sich die Eltern mit den Kindern gut verstehen und die Kinder mit den Eltern – mischt sich Jesus geradezu unflätig ein. Er beansprucht – man kann es nicht anders sagen

– den ersten Platz in den Herzen der Menschen. Wie soll man das verstehen? Zwei Überlegungen sind für mich wichtig:
Zum einen denke ich: Jesus will keine allgemeingültigen Wahrheiten lehren. Er will mich aufrütteln, mich aus dem alltäglichen Trott herausholen. Jesus möchte eine besondere Beziehung mit mir eingehen und mich zu seinem Lebensstil bringen. Und was ist das für ein Lebensstil? Sich der Bedrängten annehmen, den Menschen Gutes tun, ihre Lasten tragen helfen, Gescheiterten neue Lebensperspektiven eröffnen. Und alldem dürfen Familienbande nicht im Wege stehen.
Ein weiterer Zugang, dieses Wort Jesu zu verstehen, ist für mich das: Man muss wissen, wie brisant und dringend die Situation damals für Jesus und die Seinen war: Sie sahen sich kurz vor dem Ende der Welt. Sie erwarteten einen Eingriff Gottes in allernächster Zukunft. Man nennt das in der Theologie: die „Naherwartung", die Vollendung des Reiches Gottes. Erst wenn wir von dieser Dringlichkeit wissen, verstehen wir manches besser, was Jesus getan und gesagt hat.
Aber was geht das mich an, nach 2000 Jahren? Ich glaube, Jesu dringliche Botschaft gilt auch heute und sie gilt mir. Und warum ist das so dringlich? Weil mich sonst zu viele Dinge davon abhalten, die Einladung Jesu anzunehmen, mich auf seine Botschaft einzulassen. Christ sein im Sinne Jesu erhebt den Menschen. Ich fühle mich frei und geborgen. Ich darf mich freuen. Und wenn ich Gutes tue, dann soll ich es möglichst gleich und gerne tun. Ich sehe in dieser Provokation

Jesu eine radikale Liebeserklärung Gottes an mich, an jeden, der sich darauf einlässt. Und eine solche Liebeserklärung duldet eben auch heute keinen Aufschub – mit oder ohne Familie.

Nicht gehorchen, sondern hören

Das Wort „Gehorsam“ klingt nicht gut in vielen Ohren. Man denkt an: Kinder sollen brav sein und ihren Eltern gehorchen. Priester, Nonnen und Mönche versprechen Gehorsam gegenüber ihren Vorgesetzten. Gehorsam fordern, dass war oft ein anderes Wort für Macht ausüben, andere klein halten und beherrschen. Verhängnisvoll wurde es, wenn Kirche und Staat behaupteten, dass darin der Wille Gottes zum Ausdruck komme.

Die Bibel gibt Auskunft, dass gerade das nicht der Fall ist. Auch wenn Bibelübersetzungen diesen Eindruck vermitteln, die hebräische Sprache der Bibel kennt weder „gehorchen“ noch „Gehorsam“ bzw. „Ungehorsam“. Es klingt unglaublich, aber die Vorstellung von Gehorsam war Israel und dem Alten Testament fremd! Was dort verlangt wird, ist: hören und hinhören, zuhören und aufmerken.

In diesem Zusammenhang ist aufschlussreich: Der jüdische Gelehrte Martin Buber betont mit Nachdruck: „Thora heißt in der hebräischen Bibel nicht Gesetz, sondern Weisung, Hinweisung, Unterweisung, Anweisung, Belehrung.“ Und Gott ist kein Gesetzgeber, sondern Lehrer. Ijob 36,22: „Wer ist ein Lehrer wie er!“ [9]

Das unterstreichen auch die Texte im Alten Testament,

die ursprünglich griechisch geschrieben sind. Die griechische Sprache unterscheidet zwischen „hören“ und „gehorchen“. Überall, wo übersetzt wird: „Gehorsam“ und „gehorchen“, gebraucht der griechische Text: „akouein“, und das heißt: „hören“. Danach fordert Gott keinen Gehorsam, er will gehört werden. Wir sollen hören auf das, was er uns sagen möchte, in seinem Wort und durch Menschen. Wir sollen zu unserer eigenen Ordnung finden und zu einem geordneten menschlichen Zusammenleben. Nicht durch Befehle und Verordnungen, sondern durch Hören. Es geht darum, den tieferen Sinn herauszuhören und durch Einsicht das Gehörte zu tun. Also: hören, verstehen und daraus die Konsequenzen ziehen. Dabei soll die eigene Persönlichkeit nicht aufgegeben werden – wie so oft beim Gehorchen –, sondern zu ihrer Reife kommen.
Nicht zufällig fordert Jesus an keiner einzigen Stelle zum Gehorsam auf, sondern: „Wer Ohren hat zum Hören, der höre!“ (Markus 4,9 u. a.). Jesus möchte, dass wir Gottes Wort wahrnehmen:

Nicht unter Zwang – sondern aus Glauben.
Nicht als Verpflichtung – sondern mit Liebe.
Nicht in Gehorsam – sondern in Freiheit.

Unter der Überschrift „Hab Acht, was man mit dir macht“ porträtiert der Schriftsteller Christian Feldmann den Schweizer Pfarrer und Dichter Kurt Marti unter anderem mit folgenden Gedicht. Es bringt die Sache auf den Punkt:

„als sie mit zwanzig
ein kind erwartete
wurde ihr heirat
befohlen
... als sie mit dreißig
noch unternehmungslust zeigte
wurde ihr dienst im hause
befohlen
als sie mit vierzig
noch einmal zu leben versuchte
wurde ihr anstand und tugend
befohlen
als sie mit fünfzig
verbraucht und enttäuscht war
zog ihr mann
zu einer jüngeren frau
liebe gemeinde
wir befehlen zu viel
wir gehorchen zu viel
wir leben zu wenig.“ [10]

Nicht büßen, sondern umdenken

Buße ist ein belastetes Wort. Für viele verbinden sich damit gemischte Gefühle. Anmutungen von Gängelband und Drohungen werden wach. Jedenfalls lässt Buße nichts Gutes vermuten. Und die Bibel scheint das auch noch zu untermauern. Das griechische Wort „metanoein“ ist ein Schlüsselwort der biblischen Botschaft und des christlichen Glaubens. Und „metanoein“ wird durchweg übersetzt mit „umkehren“ und „Buße

tun". Darauf scheint man sich seit jeher festgelegt zu haben. Bei näherem Hinschauen ist „metanoein" ein eigenartig unbestimmtes, schillerndes und vielschichtiges Wort: Umkehr und Meinungsänderung, Bedauern und Reue, Buße und sittliche Haltung – alles ist möglich. Die Tendenz ist rückwärtsgerichtet bzw. moralistisch.
Wenn man dem griechischen Empfinden nachspürt und auf den Grund geht, steckt in „metanoein" noch etwas anderes drin. Die zutreffende Übersetzung ist „umdenken", und zwar in diesem Sinn: Wenn ich über mein Wissen, das ich bisher hatte, hinausgehe. Wenn ich über meine derzeitige Erkenntnis hinausgehe. Wenn ich meine seitherige Meinung über mich und anderes ändere. Die Tendenz hier ist nach vorne gerichtet und meint Neuorientierung.
Jesus hat „metanoein" wohl in dieser Richtung verstanden. Er geht über die gängigen Umkehrpredigten und über die übliche Umkehrfrömmigkeit hinaus, er lässt sie hinter sich. Er ruft nicht auf zu Umkehr und Buße, sondern dazu, dass ich mein Wesen wandle, meine Lebenseinstellung ändere, mich neu orientiere, mich nach vorne ausrichte und meinem Leben eine neue Richtung gebe. Manchmal habe ich Angst vor Neuem und will mich ins Vergangene, ins Vertraute flüchten. Dennoch: Ich bin eingeladen und werde dazu ermutigt, mein Denken, meine inneren Haltungen, meine Wertvorstellungen zu überprüfen. Zu schauen, ob die Ziele noch stimmen, die ich mir gesetzt habe. Ob sie noch dazu dienen, dass mein Leben gelingt, oder ob sie mich in die Irre führen.

Jesus will wohl so verstanden werden: Er möchte, dass ich mich mit meiner ganzen Person Gott zuwende – in Freiheit, mit Vertrauen und in Liebe. Entsprechend lautet das erste Wort, das uns vom öffentlichen Auftreten Jesu überliefert ist:

> „Voll ist die Zeit. Das Reich Gottes ist da!
> Denkt um und vertraut auf das Evangelium!"
> (Markus 1,15 – Übersetzung: Meinrad Limbeck).

Dann kommt die Überraschung: Jesus gebraucht hier das griechische Wort „metanoein" – aber nur dieses eine Mal! Er verzichtet in seiner Verkündigung weiterhin auf dieses Wort. Offensichtlich aus diesem Grund: Die Leute haben dieses Wort nicht nach vorne gerichtet verstanden und verwendet, sondern – wie gewohnt – rückwärtsgerichtet und moralistisch. Jesus verzichtet auf dieses Wort, weil es bei den Leuten nicht das auszudrücken vermochte, wozu Jesus die Menschen gewinnen wollte – ihre Hinwendung zu dem Gott, der sie bedingungslos liebt und der sie zur Freude der Kinder Gottes befreit.
Die Tragik ist: Jesus hat das Wort „metanoein" offensichtlich nicht mehr gebraucht, weil es von den Leuten rückwärtsgerichtet und moralistisch missverstanden und verwendet wurde. Und gerade auf diesem Missverständnis hat sich ein ganzes Askese-, Buß- und Beichtsystem etabliert. Das mag einer so genannten „christlichen Wahrheit" entsprechen, aber gewiss nicht der „Wahrheit Jesu Christi" und seiner Frohen Botschaft von Gott.

So genial wie einfach – die „Goldene Regel"

Von der Theologie und in der Predigt wird es noch längst nicht angemessen gewürdigt, dass die Weisheit ein interkulturelles und interreligiöses Phänomen ist. Ebenso wenig genügend Beachtung findet die der Weisheit entstammende „Goldene Regel". Alle Religionen kennen sie als „ethischen Kern". Jesus hat sie übernommen und in ihr „das Gesetz und die Propheten" erfüllt gesehen. Was das für Konsequenzen hätte!

Wunderbare Weisheit

Ich möchte die so genannte „Goldene Regel" in einen größeren Zusammenhang stellen und sie auf dem Hintergrund der Weisheit betrachten. Sich mit der Weisheit zu beschäftigen, scheint uferlos zu sein. Die Weisheit reicht so tief und geht so weit, dass sie nicht zu fassen ist. Sie entzieht sich menschlichem Zugriff. Der Ursprung der Weisheit ist rätselhaft. So fragt der Prophet Baruch: „Wer hat je den Ort (der Weisheit) gefunden? Wer ist zu ihren Schatzkammern vorgedrungen?" (3,15). Eine solche Frage provoziert die Antwort: Niemand! Das Buch Ijob ist da in Sachen Weisheit schon deutlicher: „Verhüllt ist sie vor den Augen aller Lebenden ... Unser Ohr vernahm von ihr nur ein Raunen. Gott ist es, der den Weg zu ihr weiß, und nur er kennt ihren Ort" (28,20–23). Dann steht in der Bibel aber auch das: Der Weisheit ist es „eine Freude, eine Wonne, bei den Menschen zu sein" (Sprichwörter 8,22–31). Ein Sinnbild der Weisheit ist verkörpert in Salomo, König von Israel (ca. 972–932 v. Chr.). Seine Weisheit besteht nicht darin, dass er um ein langes Leben, um Reichtum und Ehre, um den Tod seiner Feinde bittet. Er bittet Gott um ein „hörendes Herz“. Gott gefällt diese Bitte und lässt Salomo wissen: „Weil du gerade diese Bitte ausgesprochen hast ..., werde ich deine Bitte erfüllen. Sieh, ich gebe dir ein so weises und verständiges Herz, dass keiner vor dir war und keiner nach dir kommen wird, der dir gleicht“ (1 Könige 3,9–13). Salomos Antwort und Dank an Gott könnte dieser Psalmvers gewesen sein: „Das Ungewisse und Verborgene der Weisheit hast du mir offenbart!“ (Psalm 51,8). Die Bibel hat eine lange Weisheitstradition und eine beachtliche Weisheitsliteratur (v. a. die Bücher Ijob, Sprichwörter, Kohelet, Hohelied, Weisheit, Jesus Sirach). Das sind praktische Beobachtungen und Erfahrungen, über lange Zeit dem Leben abgeguckt.

Einige Beispiele: „In eine Seele, die auf Böses sinnt, kehrt die Weisheit nicht ein.“ „Die Weisheit ist ein menschenfreundlicher Geist“ (Weisheit 1,4.6). „Die Toren haben ihr Herz auf der Zunge, die Weisen haben ihre Zunge im Herzen“ (Sirach 21,26). Gelassen und heiter klingt das: „Ein fröhliches Herz macht das Gesicht heiter, Kummer im Herzen bedrückt das Gemüt und lässt die Glieder verdorren“ (Sprichwörter 15,13; 17,22). „Herzensfreude ist Leben für den Menschen, Frohsinn verlängert ihm die Tage. Neid und Ärger verkürzen das Leben, Kummer macht vorzeitig alt“ (Jesus Sirach 30,22.24). Man kann auch sagen: Die Lebensweisheit besteht darin, im Alltäglichen das Kostbare, das Wunderbare zu sehen. Dabei ist interessant: Die Bibel teilt ihre Weisheitstradition mit der aller anderen Kulturen und Religionen. Sie ist gewissermaßen interkulturell und interreligiös verankert.

Goldene Regel

So übernimmt Jesus eine alte ethische Weisung der Menschheit, die so genannte „Goldene Regel“: „Alles, was ihr also von anderen erwartet, das tut auch ihnen!“ (Matthäus 7,12). Und wo hat Jesus die „Goldene Regel“ her? Wahrscheinlich aus hellenistisch (griechisch)-jüdischen Schriften. Denn in ihnen tauchen im Judentum die ersten Belege für die „Goldene Regel“ auf. Z. B. Jesus Sirach (2. Jh. v. Chr.): „Sorge für deinen Nächsten wie für dich selbst, und denk an all das, was auch dir zuwider ist“ (31,15). Das Buch Tobit (2. Jh. v. Chr.): „Was dir selbst verhasst ist, das mute auch einem anderen nicht zu!“ (4,15).

Ich finde es überaus spannend: Die „Goldene Regel“ ist – positiv oder negativ formuliert – „ethischer Kern“ in allen großen Religionen der Welt.

Das antike Griechenland kannte die „Goldene Regel“ schon sehr früh, um nur ein paar Philosophen zu zitieren: Pittakos von Mytilene, einer der sieben Weisen Griechenlands (620 v. Chr.): „Tue deinem Nächsten nicht, was du ihm verübeln würdest.“ Der Naturphilosoph Thales von Milet (600 v. Chr.): „Tun wir selber nicht, was wir andern übel nehmen.“ Der Rhetoriker Isokrates (400 v. Chr.): „Tut nicht anderen das, was ihr nicht wollt, dass die anderen euch tun.“ Aristoteles, bedeutender Philosoph in Athen, Schüler Platons, Lehrer Alexanders des Großen (350 v. Chr.): „Wir sollen uns gegen andere so benehmen, als wir wünschen, dass andere gegen uns handeln sollen.“

Noch zwei Zeitgenossen Jesu: Philo von Alexandrien, jüdisch-hellenistischer Philosoph: „Was man selber nicht leiden mag, das soll man auch nicht tun." Und von Rabbi Hillel – bei den Leuten hochgeehrt und beliebt – wird berichtet: Jemand hat ihn gefragt, ob er ihm in aller Kürze die gesamte Thora beibringen könne. Rabbi Hillel soll gesagt haben: „Was dir selber unlieb ist, das tue auch deinem Nächsten nicht an. Das ist die ganze Thoralehre, alles andere ist nur Erläuterung."

Hinduismus (älteste der fünf Weltreligionen, 4500 Jahre v. Chr.): „Füge deinem Nachbarn nichts zu, was du nicht von ihm erdulden möchtest."

Buddhismus (Buddha 500 v. Chr.): „Erweise anderen die gleiche Liebe, Güte und Barmherzigkeit, von der du dir wünschst, dass sie dir entgegengebracht wird."

Sikh: „Wie du dich selbst schätzest, so schätze auch andere. Dann sollst du teilhaben am Himmel."

Jainas: „In Glück und Leid, in Freude und Kummer sollten wir alle Geschöpfe so behandeln, wie wir uns selbst behandeln."

Parsen (Zarathustra 600 v. Chr.): „Nur jenes Wesen ist gut, was nicht einem andern das zufügt, was für sein eigenes Selbst nicht gut ist."

Konfuzianismus (Konfuzius 500 v. Chr.): „Verhalte dich anderen gegenüber so, wir du von ihnen behandelt werden möchtest."

Taoismus: „Betrachte deines Nächsten Glück und Leid als dein eigenes Glück und Leid und trachte, sein Wohl wie dein eigenes zu mehren."

Judentum (Abraham 1850 v. Chr., Mose 1250 v. Chr.): „Was du nicht willst, dass andere dir zufügen, das tue du auch ihnen nicht."

Islam (Mohammed 600 n. Chr.): „Der ist kein wahrhaft Gläubiger, der seinem Bruder nicht das Gleiche zudenkt und erweist, was er sich selber zuliebe täte."

Baha'i-Religion: „Wenn du Gerechtigkeit übtest, dann würdest du für andere nur wählen, was du auch für dich selbst wählst." [11]

Es ist schon faszinierend, dass alle Religionen in ihrem Ursprung und unabhängig voneinander die „Goldene Regel" gemeinsam haben. Und was mich daran besonders fasziniert ist, dass Jesus der „Goldenen Regel" – die nicht von ihm stammt (!) – hinzufügt: „Darin besteht das Gesetz und die Propheten!"

Der Schlüssel zum Mitgefühl

„Die Goldene Regel ist der Schlüssel zum Mitgefühl", schreibt die Religionswissenschaftlerin Karen Armstrong. [12] Damit interpretiert sie genau den Appell Jesu: „Seid mitfühlend, wie auch Gott, euer Vater, mitfühlend ist!" (Lukas 6,36). Das gilt es in die Tat umzusetzen. Eigentlich kann das jeder Mensch verwirklichen, eben weil die „Goldene Regel" so einfach ist. Es kommt darauf an, dass ich in mich hineinschaue und mich selbstkritisch frage: Was verletzt mich? Worunter leide ich? Die „Goldene Regel“ vor Augen, möchte ich den anderen respektieren und mich ernsthaft fragen: Kann ich, will ich wirklich dem anderen etwas antun, was für ihn negativ ist, was ihn verletzt und beleidigt – etwas, was mir selbst zuwider ist?

Wenn ich mich das so frage, dann beginne ich, mich in den anderen hineinzuversetzen, von ihm her zu denken, mit dem anderen zu fühlen. Ich lerne zu erkennen: „Niemand bleibt unverletzt, wenn er andere verletzt“ – diese Einsicht stammt von Erich Fromm, Psychotherapeut und Philosoph (1900–1980). Wenn ich selber nicht erleiden will, was ich anderen Böses antue, dann ändere ich mich, meine Vorstellungen und Pläne, dann verabschiede ich mich von fragwürdigen, vielleicht sogar unmenschlichen Vorhaben. Dann besteht die große Chance, dass ich mitfühlend werde und so mitmenschlich. Richtig leben hieße dann: jetzt und heute leben – ohne jemandem zu schaden; einfach, in Demut und mit Rückgrat, um ehrliches Mitgefühl bemüht.

Wenn so zu denken und zu handeln im Grunde jedem Menschen möglich ist, dann sprengt die „Goldene Regel“ das rein Private. Dann ist sie die Voraussetzung dafür, dass wir in allen Lebensbereichen und weltweit in Respekt voreinander und menschlich miteinander leben können. Die „Goldene Regel“ in die Tat umzusetzen, bedeutet heute auch, die „Bewahrung der Schöpfung“ entschieden und nachhaltig anzugehen. Es geht für uns Privilegierte auf dieser Erde darum, den Lebensstil zu ändern, damit Millionen verarmter und hungernder Menschen, damit in der Natur unsere Mitgeschöpfe und so auch wir selbst überleben können. Die „Goldene Regel“ kann als spirituelle Kraft unser Leben in einer globalen Welt zum Guten hin verändern.

Komische Frage: Hat Jesus gelacht?

Hat Jesus gelacht? – Das Neue Testament gibt darüber keine direkte Auskunft. Die frühe Kirche hat ein Jesusbild überliefert, dessen feierlich-ernste Züge andere Züge weithin verdecken. Warum? Den Christen der ersten Zeit ist es wichtig gewesen, das Schicksal Jesu zu deuten und von Ostern, von seiner Auferstehung her zu verstehen. Und recht bald hatten die römischen Herrscher damit begonnen, die Christen systematisch zu verfolgen. Von daher ist der ernste Tenor zu verstehen, der das Jesusbild der ersten Christen durchzieht.

Und dann gibt es auch die Moralisten und Asketen. Die wollten es schon immer gewusst haben, dass Jesus nie gelacht hat. Ich habe da den finsteren, alten Mönch Jorge von Burgos vor Augen in dem Film: „Der Name der Rose“. Solche Leute haben den „Sohn Gottes“ mit steifer göttlicher Hoheit umhüllt, sodass man ihm schließlich ein Lachen gar nicht mehr zugetraut hat.

Doch wenn man genauer hinschaut, dann ist es den Autoren der Evangelien nicht gelungen, die Lebensfreude Jesu aus ihren Berichten auszuklammern. Ein paar Hinweise:

Die Evangelisten machen keinen Hehl daraus, dass Jesus oft dort zu finden war, wo gefeiert und gelacht wurde. Das haben seine Gegner nicht gerne gesehen

und ihn als „Fresser und Säufer“ beschimpft (Matthäus 11,19).
Jesus war gekommen, Gebeugte aufzurichten, Trauernde zu trösten, Vereinsamte in die Gemeinschaft zurückzuholen und gerade den Menschen eine Frohe Botschaft zu verkünden, die nichts zu lachen hatten. Ich kann mir nicht vorstellen, dass Jesus dabei ständig mit einem ernsten Gesicht herumgelaufen ist. Im Gegenteil. Jesus hat das alles aus Freude an Gott getan. Im Lukasevangelium steht: „In dieser Stunde rief Jesus, vom Heiligen Geist erfüllt, voll Freude aus: Ich preise dich, Vater, Herr des Himmels und der Erde“ (10,21).
Und wenn Jesus in Bildern vom „Reich Gottes“, von einem Leben bei Gott spricht, dann erzählt er gerne – wie schon die Propheten vor ihm – von einem himmlischen Hochzeitsmahl mit gutem Essen und edlen Weinen (Jesaja 25,6). Und da ging es im alten Orient – anders als bei uns – viele Tage hoch her und gewiss nicht ernst und traurig.
Ich glaube: Jesus konnte herzlich lachen, er hatte eine heitere Gelassenheit. Und das tut – wo immer es möglich ist – auch uns gut, denn: Solche Gelassenheit ist ein Lichtschimmer in dunklen Zeiten. Solche Heiterkeit lässt einen in den vielen Bedrohungen nicht resignieren und nicht verzweifeln. Solches Lachen findet sich nicht einfach ab mit der Welt, wie sie nun mal ist. Solcher Frohsinn ist beseelt von der Hoffnung, dass vieles heil und zum Guten geführt werden kann.

JESUS UND DIE MÄCHTIGEN

Durch das, was Jesus verkündete und tat, wurde es für die religiöse, gesellschaftliche und politische Elite immer unausweichlicher, gezielt gegen Jesus anzugehen. Sie alle hatten Fragen. Aber wenn man genau hinschaut, ging es den Fragestellern nicht darum, Jesus besser zu verstehen. Im Gegenteil: Mit ihren Fragen wollten sie Jesus eine Falle stellen. Schlimmer noch: Sie wollten ihn bloßstellen und letztendlich kaltstellen. Zwei Beispiele.

Was des Kaisers und was Gottes ist

„Gebt dem Kaiser, was dem Kaiser gehört, und Gott, was Gottes gehört" (Matthäus 22,15–22). Ein Spruch von Jesus, der vielen noch bekannt ist. Aber die meisten wissen nicht, was in diesem Spruch wirklich drinsteckt. Vielleicht konnte er deswegen auch leicht missbraucht werden. Bekannt geworden ist dieser Satz tatsächlich dadurch, dass er in der Vergangenheit auch missbraucht wurde. Missbraucht, um die unheilige Allianz von Thron und Altar, von weltlicher und geistlicher Macht abzusegnen. Auch heute noch muss dieses Wort Jesu herhalten, um Staatstreue und Steuermoral als von Gott geboten auszugeben. Dahinter steckt doch: Als frommer Christ soll ich auch ein guter Staatsbürger sein.

Jesu Antwort: „Gebt dem Kaiser, was dem Kaiser gehört" geht eine Frage seiner Gegner voraus: „Ist es nach deiner Meinung erlaubt, dem Kaiser Steuer zu zahlen, oder nicht?" Diese Frage ist alles andere als harmlos. Sie trifft den Nerv der damaligen Zeit. Was ist der Hintergrund? Israel ist vom römischen Reich besetzt und zu einer Provinz degradiert worden. Die Menschen fühlen sich religiös gedemütigt. Die Steuerlast drückt. Zu leiden hat vor allem die Landbevölkerung. Aus ihr bildet sich auch der Widerstand gegen die verhassten Besatzer.

„Ist es erlaubt, dem Kaiser Steuer zu zahlen, oder nicht?" – Diese Frage ist eine Falle. Warum? Jesus muss klar antworten. Doch was er auch sagt, die Sache ist gegen ihn gerichtet. Sagt er Ja, stellt er sich auf die Seite der Unterdrücker. Sagt er Nein, gilt er als Aufrührer gegen Rom. Jesus verblüfft mit einer einfachen Antwort: „Gebt dem Kaiser, was dem Kaiser gehört." Macht doch kein so großes Aufhebens daraus. Ihr besitzt ja selber das Geld mit dem Gesicht des Kaisers und wirtschaftet damit.

Dann die zweite Antwort: „Gebt Gott, was Gott gehört." Danach hat ihn gar niemand gefragt, aber genau darauf kommt es Jesus an. Man muss bedenken: Der römische Kaiser sieht sich als Gott mit grenzenloser Machtfülle. Und genau das bestreitet Jesus mit seiner Antwort. Er relativiert irdische Macht und verweist alle menschlichen Autoritäten in ihre Schranken. Leider sagt Jesus nicht, was es für ihn konkret heißt: „Gebt Gott, was Gott gehört." Sei es drum. Ich verstehe sein Wort nicht als Aufforderung, als frommer Christ auch ein guter Staatsbürger zu sein. Ich sehe mich eher in diese Richtung herausgefordert: „Man muss Gott mehr gehorchen als den Menschen" (Apostelgeschichte 5,29). – Hoffentlich beherzige ich das, wenn es darauf ankommt.

Im Himmel wird nicht mehr geheiratet

Ähnlich hinterhältig hört sich eine Frage der Sadduzäer an. Die Sadduzäer bildeten eine vornehme und wohlhabende Priesterkaste. Sie behaupteten, es gebe keine Auferstehung. Von ihnen kamen einige zu Jesus und fragten: „Meister, Mose hat uns vorgeschrieben: Wenn ein Mann, der einen Bruder hat, stirbt und eine Frau hinterlässt, aber kein Kind, dann soll sein Bruder die Frau heiraten und seinem Bruder Nachkommen verschaffen." Und dann trieben sie es auf die Spitze und fragten weiter: „Es lebten einmal sieben Brüder. Der erste nahm sich eine Frau, und als sie starb, hinterließ er keine Nachkommen. Dann nahm sie der zweite; auch er starb, ohne Nachkommen zu hinterlassen, und ebenso der dritte. Keiner der sieben hatte Nachkommen. Als letzte von allen starb die Frau. Wessen Frau wird sie nun bei der Auferstehung sein? Alle sieben haben sie doch zur Frau gehabt?" (Markus 12,18–23).

Wieder eine dieser Fangfragen. Doch Jesus tappte nicht in ihre Falle. Es gelang ihnen nicht, Jesus in die Enge zu treiben. Souverän gab er ihnen zur Antwort: „Ihr irrt euch. Ihr kennt weder die Schrift noch die Macht Gottes. Wenn nämlich die Menschen von den Toten auferstehen, werden sie nicht mehr heiraten, sondern sie werden sein wie die Engel im Himmel. Dass aber die Toten auferstehen, habt ihr das nicht im Buch des Mose gelesen, in der Geschichte vom Dornbusch, in der Gott zu Mose spricht: Ich bin der Gott Abrahams, der Gott Isaaks und der Gott Jakobs? Er ist doch nicht ein Gott von Toten, sondern von Lebenden. Ihr irrt euch sehr" (Markus 12, 24–27).

Diese geniale Antwort brachte Jesu Gegner zum Schweigen. Ihr ist auch nichts hinzuzufügen. Diese Szene zeigt aber auch das: Menschen neigen seit jeher dazu, ihre irdischen Vorstellungen in Gottes neue Welt hineinzuprojizieren. Doch bei Gott ist eben alles ganz unvorstellbar anders, herrlicher und schöner.

JESUS FEIERT SEIN ABENDMAHL

Gottesdienst des Herzens und der Liebe

Den Tod Jesu als Opfer zu deuten, kam erst im 2. und 3. Jahrhundert auf. Die Verfolgung der jungen Kirche durch den römischen Staat und das vorherrschende heidnisch-religiöse Umfeld zwangen das Christentum immer mehr, kultisches Gedankengut zu übernehmen. Der Opfergedanke war dabei ein wesentlicher Bestandteil jeder staatlich anerkannten Religion. So entschied das Verhältnis zum Kult, ob eine Religion dem römischen Staat genehm war oder nicht. Wer diesen Vorstellungen nicht entsprach, wurde des „Atheismus“, der „Gottlosigkeit“, bezichtigt. Ein vernichtender Vorwurf. So war es für die Christen überaus schwer, ihr bescheidenes Mahl, ihren „Gottesdienst des Herzens und der Liebe“ (Herbert Haag), im Geiste Jesu und der Propheten gegen den aufwendigen Pomp des römischen Opferwesens zu behaupten.

So wuchs die Gefahr, dem schlichten eucharistischen Mahl Opfercharakter zuzusprechen. Es war eine folgenschwere Entwicklung, dass der Bezug der Eucharistie zum Kreuzestod Jesu zunehmend stärker ausgebaut wurde. Danach machte sich die Gemeinde das Opfer Jesu am Kreuz zu eigen, sein Lebensopfer wurde ihr Opfer. Von hier war nur noch ein kleiner Schritt, um die Eucharistie selbst als Opfer zu verstehen, woran sich im 16. Jahrhundert die alte Kirche und die Reformation scheiden sollten.

Man meinte Opfermotive auch in den Einsetzungsworten des Abendmahls zu erkennen. Der Einsetzungsbericht ist in vier Varianten überliefert: Markus 14,17–25; Matthäus 26,20–29; Lukas 22,14–23 und bei Paulus in 1 Korinther 11,23–26. Bei aller Geschichtlichkeit des Abendmahls wird in diesen Berichten nicht das ursprüngliche Abendmahl Jesu dargestellt, also nicht „Jesus pur". Dargestellt wird die Mahlfeier der Gemeinde, von der auf das Abendmahl Jesu zurückgeschlossen wird. Doch für ihre Abendmahls- und Eucharistieliturgien kann sich keine Kirche direkt auf Jesus berufen.

Die Christenheit hat sich in der Folgezeit geradezu eingeschworen auf die Vorstellung: Der Tod Jesu war ein Sühnetod, ein Opfertod. Diese Vorstellung hat sich auch durch die ganze Theologiegeschichte bis heute hart-näckig gehalten. Und so haben die Christen zu allen Zeiten und quer durch alle Konfessionen gelernt: Wir wurden durch Jesu Tod am Kreuz erlöst. Das fand auch Eingang in das gesamte Gebets- und Liedgut der Passionszeit: „Christus, Gotteslamm, Opfer am Kreuzesstamm" – „Ach, meine Sünden haben dich geschlagen" – „Die Schuld bezahlt der Herre, der Gerechte" – „Du hast das Kreuz auf dich genommen, die schwere Schuld der ganzen Welt" – „Verwundet hing der Herr

daran; aus der durchstochnen Seite rann, vermischt mit Wasser, heilges Blut, zu löschen unsrer Sünden Glut". Jesus zu folgen, macht es mir unmöglich, solche Passionslieder noch zu singen – trotz all ihrer Innigkeit.
Der christliche Glaube gründet nicht darauf, dass Jesus für uns gestorben ist, sondern darauf, dass er unser Leben und Sterben geteilt hat, dass er einen liebenden Gott bezeugt hat, der mit uns leiden und der uns leiden kann und der nicht im Tod verschwunden ist. Das ist die Botschaft, die wir und Außenstehende an unseren Gottesdiensten ablesen können sollten.

Das Abschiedsmahl

Es ist der letzte Abend im Leben Jesu. Und wie Jesus diesen letzten Abend im Kreise seiner engsten Freundinnen und Freunde begeht, finde ich in Vielem nachdenkenswert. [13] Es fällt auch nicht schwer nachzuempfinden, mit welchem Gefühl Jesus in dieser Situation auf die Seinen geschaut hat. Sie waren zu einer Familie geworden (Markus 3,31–35) Da will er sich ihnen in diesem Augenblick noch einmal ganz schenken. Sie sollten es noch einmal spüren und kosten können, wie sehr er zu ihnen gehört und sie zu ihm.
„Während des Mahles nahm er das Brot und sprach den Lobpreis, dann brach er das Brot, reichte es ihnen und sagte: Nehmt, das ist mein Leib!" (Markus 14,22) Das bedeutet in ihrer Sprache, auf aramäisch: „Das bin ich für euch!" Und so konnten sie vielleicht auch für sich Vertrauen und Mut schöpfen, als Jesus den Kelch nahm,

das Dankgebet sprach und ihnen den Kelch reichte mit den Worten: „Amen, ich sage euch: Ich werde nicht mehr von der Frucht des Weinstocks trinken bis zu dem Tag, an dem ich von Neuem davon trinke im Reich Gottes“ (Markus 14,25). Das aber bedeutet: Der Weg, der vor ihnen liegt, wird nicht in die Nacht des Todes führen, sondern in das Licht und in die Freude des Reiches Gottes. Davon ist Jesus zutiefst überzeugt. Das hat er auch an diesem letzten Abend vor Augen.

Und so möchte Jesus nicht allein sein, er zieht sich nicht zurück. Dass er sterben muss, das ist für ihn längst absehbar. Aber dieser Gedanke hat ihn nicht voll und ganz beherrscht. Er feiert mit den Seinen.

Jesus feiert das letzte Mahl nicht in den eigenen vier Wänden, sondern in einem angemieteten Saal. Für mich ein Zeichen dafür: Auf dieser Welt gibt es kein endgültiges Zuhause. Wir sind nur Gast auf Erden.

Und dann diese seltsame Tischgemeinschaft. Frauen, die ihn durch die Städte und Dörfer begleitet haben. Für die damalige Zeit völlig ungewohnt und entsprechend anstößig. Einige bleiben bei ihm. Die Männer, die ihn begleitet haben und die in einigen Stunden fliehen und Jesus nicht mehr kennen wollen. – Und was bewegt Jesus an diesem letzten Abend in dieser Runde? Das, was ihn immer bewegt hat: Liebe!

Bis heute feiern Christen das Abendmahl. Die, die heute feiern, sind nicht besser dran als die damals. Sie sind auch nicht schlechter dran als Jesu Jüngerinnen und Jünger. Dieses Mahl ist auch heute kein Mahl für die „Starken“. Es ist ein Mahl der „Stärkung“ auf unserem Lebensweg.

Das bedeutet in der Konsequenz: Nicht die Kirchen haben hier Gastgeberrechte zu verteilen; den einen die Gastfreundschaft zu gewähren, den anderen nicht. Gastgeber ist und bleibt Jesus Christus. Und wie ich ihn verstehe, erwartet er von uns nicht in erster Linie den wahren Glauben und Moral, sondern Vertrauen und Liebe. Schmerzlich denke ich daran: Wie unbarmherzig und gar nicht im Sinne Jesu geht die katholische Amtskirche mit geschiedenen und wiederverheirateten Paaren um, indem sie ihnen beim Gottesdienst den Empfang der heiligen Kommunion verweigert. Umso erfreulicher ist es, dass viele Seelsorger das im Geiste Jesu sehen und entsprechend anders handeln.

„ubi caritas et amor“

„Wo zwei oder drei in meinem Namen versammelt sind, da bin ich mitten unter ihnen“ – ein Wort von Jesus. Es steht im Matthäusevangelium (18,20). Was könnte das heißen, sich versammeln im Namen Jesu?
Zu seiner Zeit bedeutet der Name nicht „Schall und Rauch“. Der Name benennt auch nicht nur Personen, Tiere, Pflanzen oder eine Sache. Der Name kennzeichnet das Wesen einer Person oder einer Sache. Der Name Jesus bedeutet „Jahwe/Gott ist Hilfe“. Sich in seinem Namen versammeln heißt also: auf Gottes Hilfe vertrauen, seine Hilfe erfahren.
Und wie kann man sich das vorstellen: Da bin ich mitten unter ihnen? Ich stelle mir das so vor: Jesu Geist bewegt die Herzen und die Gedanken der Seinen. Er schenkt ihnen inneren Frieden. Jesu Geist gibt ihnen

Orientierung und möchte ihr Handeln im Alltag bestimmen.
Schön für alle, die sich auf Jesus berufen und sich in seinem Namen treffen. Auch wenn es nur zwei oder drei sind. Aber die Realität sieht leider anders aus unter den Christen. Bis heute treffen sich die unterschiedlichsten Gruppen, die sich auf Jesus berufen, wollen aber oft nichts miteinander zu tun haben. Das ist eine lange, unselige, auch blutige Geschichte, die viele Spaltungen innerhalb der Christenheit zur Folge hat.
Wem also gilt diese wunderbare Zusage Jesu: Ich bin mitten unter euch? Wer kann sich zu Recht auf ihn berufen? Ich bin davon überzeugt, er ist mitten unter den Christen – wenn sie sich im Gedenken an Jesus versammeln, seine Worte und Taten erzählen, sich seines Lebens und Sterbens erinnern. Wenn sie sich immer und immer wieder mit Jesus beschäftigen, ihm in den Evangelien nachspüren, seinen Geist entdecken. Und das sollte geschehen in Toleranz gegenüber denen, die das auch tun und möglicherweise zu anderen Erfahrungen kommen.
Ich glaube, Jesus ist mitten unter den Christen – wenn sie dieses alte Lied aus dem Mittelalter beherzigen: „ubi caritas et amor – wo die Güte und die Liebe wohnt, dort nur wohnt der Herr." Er ist mitten unter den Christen, wenn sie ein Wort aus der frühen Kirche ernst nehmen: „Lasst uns einander lieben, damit wir in Eintracht bekennen." – Man beachte die Reihenfolge!

AM ENDE KOMMT ALLES ANDERS

Besonders wachsam

Sonnenfinsternis. Sterne kollidieren. Das Weltall gerät aus den Fugen. Könnte zu einem Sciencefiction-Film passen: „Die letzten Tage der Erde". Von solchen schlimmen Ereignissen ist im Matthäusevangelium die Rede (24,32–44). Auch in den beiden anderen Synoptischen Evangelien nach Markus und Lukas. Und was soll das?

In biblischer Zeit rechnen die Menschen damit, dass die Welt einmal ihrem Ende entgegengeht. Auch Jesus spricht davon. Aber warum spricht er in so dramatischen Bildern? Ich denke, um seine Zuhörer wachzu rütteln, aber nicht, um ihnen zu drohen. Entgegen allen Unheilspropheten mit ihren Weltuntergangsszenarien will er den Menschen nicht Angst und Schrecken einjagen, auch nicht die Lust am Untergang schüren. Im Gegenteil. Er macht seinen Zuhörern Mut: Seid wachsam! Haltet euch bereit! Allerdings sagt Jesus auch: Wann das passiert, weiß niemand, das weiß allein Gott.

Mag sein, aber das klingt schwammig. Was soll ich jetzt tun? Ich möchte Sicherheit. Ich bin auch bereit für spannende Ereignisse, doch Fristen und Zeiten sollten eingehalten werden. Und warten möchte ich auch nicht endlos. Doch damit wird es nichts.

Nach der Bibel macht uns Gott Mut, mit Vertrauen diese Stunde Gottes zu erwarten. Und die Bibel betont: Was da geschieht, folgt keinem blinden Schicksal und keiner unabwendbaren Gesetzmäßigkeit. Wir sollen vielmehr zuversichtlich sein, dass am Ende von Zeit und Geschichte nichts kommt, was uns Angst machen will. Es ist sogar die Rede davon, dass uns am Ende ein menschliches Gesicht anschaut – Jesus und mit ihm ein unendlich liebender und menschenfreundlicher Gott. Und dass er alles vollenden wird. Was so viel heißt wie: Er macht alles gut und heil und neu. Eine wunderbare Perspektive, die aufatmen lässt.

Ich verstehe diese Botschaft auch als Einladung: Wir sollen den Mut nicht verlieren und auch in schwierigen Zeiten beständig bleiben. Wir sollen uns nicht verführen und nicht verrückt machen lassen. Was auch immer passiert – Jesu Botschaft will zu keiner Zeit drohen. Sie ist zu jeder Zeit Evangelium, Frohe Botschaft, eine Botschaft, die von der Angst vor der Zukunft befreien möchte.

Und wenn Gott das „Buch des Lebens" aufschlagen wird (Offenbarung 3,5) – dann erkennt der Schriftsteller Kurt Marti auch bei diesem Vorgang eine Frohe Botschaft, ganz im Sinne Jesu:

„Wenn
die bücher aufgetan werden

wenn sich herausstellen wird
dass sie niemals geführt worden sind:
weder gedankenprotokolle noch sündenregister
weder mikrofilme noch computerkarteien

wenn
die bücher aufgetan werden

und siehe! auf seite eins:
„habt ihr mich für einen
eckenspäher und schnüffler gehalten?“
und siehe! auf seite zwei:
„der große aufpasser
oder unbruder: eure erfindung!“
und siehe! auf seite drei:
„nicht eure sünden waren zu groß –
eure lebendigkeit war zu klein!“

wenn
die bücher aufgetan werden.“ [14]

Eine gute Zukunft erwarten

„Wo aber Gefahr ist, wächst das Rettende auch“ – schön hat er das gesagt, der Dichter Friedrich Hölderlin. Und er spricht etwas an, was die Menschen seit jeher bewegt hat. Wenn Schicksalsschläge ihr Leben erschüttert und sie den letzten Funken Hoffnung noch nicht aufgegeben haben, dass ihnen nochmals Gutes geschieht. So natürlich auch schon zu Zeiten Jesu. Auch da warteten viele sehnsüchtig auf Befreiung. Die Römer beherrschten Israel. Viele Menschen waren krank, sozial und gesellschaftlich verelendet. Religiös waren die Menschen verstört und voller Angst.

Nicht wenige haben von Gott erwartet, dass er eingreift. Manche schauten aber auch voller Angst in eine ungewisse Zukunft: Was haben wir noch alles zu erwarten? Der Evangelist Markus scheint diesen Befürchtungen in seinem Evangelium Recht zu geben.

Er zeichnet ein turbulentes und düsteres Bild von der Zukunft (13,24–32). Danach werden die Kräfte der Erde und des Himmels erschüttert werden. Man denkt an Erdbeben, Überschwemmungen und Hungersnöte. Und es heißt weiter: Die Menschen werden bestürzt und ratlos sein und ohne Orientierung.
Damit will der Evangelist Markus die Menschen aber nicht noch mehr verwirren oder ihnen drohen. Er will sie wachrütteln und ihnen Mut machen: Es gibt auf Erden keine letzte Sicherheit. Alles ist begrenzt und gefährdet, kurzatmig und vergänglich. Aber sie können Gott vertrauen und von ihm Hilfe, Kraft und Trost erwarten und trotz allem eine letztlich gute Zukunft. Am Ende wird alles gut. Und wenn es noch nicht gut ist, ist es bei Gott noch nicht das Ende.
Eine Vertröstung? Nein, eine wunderbare Perspektive, finde ich. Eine Perspektive, die aufatmen und aufrecht gehen lässt. Und was erwarte ich? Dass das auch heute gilt und wir von Gott Gutes erwarten können. Und was ist dieses Gute? Es sei noch einmal gesagt: dass ich den Mut nicht verliere. Dass ich mich in schwierigen Zeiten nicht verführen und nicht verrückt machen lasse. Was auch immer passiert, die Botschaft der Evangelien will zu keiner Zeit drohen. Sie ist zu jeder Zeit Evangelium. Und das ist die Frohe Botschaft von einer im Letzten guten Zukunft. Wie die aussieht, weiß ich nicht. Aber ich ahne etwas ganz Großartiges. Ja, ich erwarte etwas unvorstellbar Schönes. Wie wenn sich ein wunderbarer Sonnenaufgang ankündigt, die Sonne aber noch nicht da ist.

Mit großer Zuversicht

Unruhige Zeiten, Naturkatastrophen, Kriege oder Terror – das macht Angst. In solchen Zeiten haben Unheilspropheten Hochkonjunktur. Mit ihren frommen oder unfrommen Drohungen wollen sie noch mehr verunsichern. Sie spielen mit der Angst der Menschen. Von schlimmen Ereignissen ist auch im Lukasevangelium die Rede (21,5–19). Selbst Jesus spricht davon, aber er droht nicht damit. Er lässt seine Zuhörer aufhorchen: „Gebt Acht, dass euch die Unheilspropheten nicht irreführen!“

Interessant ist bei dieser Begegnung noch etwas. Einige weisen auf den herrlich restaurierten Tempel in Jerusalem hin. Der Tempel, das war für die Menschen in Israel das Größte, das Heiligtum auf Erden. Jesus bemerkt dazu: „Es wird eine Zeit kommen, da wird von allem, was ihr hier seht, kein Stein auf dem andern bleiben; alles wird niedergerissen werden.“ Tatsächlich wurde der Tempel im Jahre 70 nach Christus von den Römern zerstört. Übrig geblieben ist ein winziger Rest, die heutige Klagemauer.

Warum sagt Jesus, dass vom Tempel in Jerusalem nichts übrig bleiben würde? Er sagt es nicht, um die Menschen zu verwirren. Er will sie wachrütteln: Es gibt auf Erden keine letzte Sicherheit. Hilfe kommt nicht vom Tempel, auch nicht von den eigenen Sicherheitsvorkehrungen, sondern allein von Gott. Er wird alles zur Vollendung führen, er wird alles gut und heil und neu machen.

Und Jesus verweist immer wieder auf sich, und dass er von Gott gesandt ist, um bei uns für dieses Vertrauen zu werben: Kommt zu mir, die ihr es schwer habt, ich richte euch wieder auf. Fürchtet euch nicht, ich bin bei euch. Wie eine Lichterkette durchzieht diese Botschaft das Neue Testament.

Ein Bild vom Reich Gottes

Das Reich Gottes – einer der großen Begriffe in der Bibel. Es ist die Vision von einer im Letzten heilen und geheilten Welt. Reich Gottes meint das, was bei Gott gilt. Es ist sein „Regierungsprogramm“: kein Krieg, keine politische und gesellschaftliche Unterdrückung, keine Krankheit und Armut. Kein Streit unter den Religionen. Und: Der Tod, dieser letzte Feind von allem, wird nicht mehr sein. Ich finde es ungemein beglückend: Was Gott hier in Aussicht stellt, deckt sich mit dem, wonach sich Menschen seit jeher zutiefst sehnen.

Jesus spricht vom Reich Gottes gerne im Bild eines festlichen Mahles. Dabei greift er gute biblische Tradition auf. So steht es beim Propheten Jesaja:

> „Der Herr ... wird auf diesem Berg (Zion)
> für alle Völker ein Festmahl geben
> mit den feinsten Speisen,
> ein Gelage mit erlesenen Weinen“ (25,6).

Ein Hoffnungsschimmer für die unzähligen Armen, eingeladen zu sein zu einem üppigen Festmahl, von dem sie immer nur träumen können. Einmal keine Sonntagsreden mit leeren Versprechungen, sondern Feiern.

Das verleitet mich dazu, ein persönliches Wunschbild vom Reich Gottes anzufügen. Ich möchte einmal stiller Beobachter sein, wenn die großen Weisheitslehrer, die Glaubensmütter und Glaubensväter, am runden Tisch sitzen und sich unterhalten: Abraham und Jesus, Buddha und Mohammed, Konfuzius und Laotse. Und ich ahne, beschämt muss ich erfahren: Wie einig sich diese Runde ist – und mit welchen Wichtigkeiten wir uns auf Erden oft überfordert und bekämpft haben. Es sind wohl die wahren Weisen aller Glaubensrichtungen, die sich nicht mehr voneinander abgrenzen. Sie umarmen sich. Sie haben verstanden. Und interessant wird sein, welche Rolle Jesus dabei spielt, von dem es beim Apostel Paulus heißt: „In ihm sind alle Schätze der Weisheit … verborgen" (Kolosser 2,3).

„GOTT IST DIE LIEBE" (1 JOH 4,16)

Gott ist die Liebe. Wir sind Kinder Gottes. Jesus nennt uns Freundinnen und Freunde, von Gott geliebt und unbedingt erwünscht (Johannes 15,15). Wenn das so ist – dann haben Angst und Furcht und Schrecken in dieser Botschaft keinen Platz: „Gott ist Licht, und keine Finsternis ist in ihm" (1 Johannes 1,5). – „Furcht gibt es in der Liebe nicht, sondern die vollkommene Liebe vertreibt die Furcht" (1 Johannes 4,18). Dann passen aber auch so manche Bilder und Vorstellungen von Gott nicht in die Welt Jesu. Dann gilt es, manche so genannte „christliche Wahrheiten" zu hinterfragen und neu auf Spurensuche zu gehen nach der „Wahrheit Jesu Christi".

Allmächtiger Gott?

Die Rede vom „Allmächtigen Gott“ hat eine lange Tradition und war über lange Zeit selbstverständlich. Wenngleich sich angesichts unbeschreiblichen Leids auf der Welt auch diese Fragen hartnäckig halten: Wie kann ein allmächtiger Gott das zulassen? Warum greift er nicht ein, wenn manchen Menschen so unsäglich viel Leid aufgebürdet wird, dass sie daran zerbrechen? Hört er nicht den Schrei unschuldig leidender Kinder? Wo bleibt er im Leid seiner gequälten Kreatur? – Viele haben angesichts so viel ungerechten Leidens bereits jedes Reden von Gott eingestellt.

Der Schriftsteller Kurt Marti protestiert in dem Gedichtband „Leichenreden“ auf seine Weise gegen den „Allmachtsgedanken“:

> „dem herrn unserem gott
> hat es ganz und gar nicht gefallen
> daß gustav e. lips
> durch einen verkehrsunfall starb
> erstens war er zu jung
> zweitens seiner frau ein zärtlicher mann
> drittens zwei kindern ein lustiger vater
> ... was soll jetzt ohne ihn werden?
> was ist seine frau ohne ihn?
> wer spielt mit den kindern?
> ... dem herrn unserem gott
> hat es ganz und gar nicht gefallen
> daß einige von euch dachten
> es habe ihm solches gefallen
> im namen dessen der tote erweckte

im namen des toten der auferstand:
wir protestieren gegen den tod von gustav e. lips.“ [15]

Wenn ich mir vorstelle, Gott ist allmächtig, dann verbinde ich damit den Gedanken: Gott kann alles machen, alles möglich machen oder alles verhindern – wenn er nur will. Diese Vorstellung hat etwas Beliebiges, Willkürliches und damit auch Bedrohliches an sich. Der griechische Philosoph Epikur (300 v. Chr.) hat bereits eine solche Vorstellung von allmächtig in Frage gestellt: Will Gott das Übel abschaffen, kann es aber nicht – dann ist er ohnmächtig und nicht Gott. Kann er es, will aber nicht – dann ist er böse und auch nicht Gott.

Mit Macht verbindet man herrschen und denkt etwa an den feudalen Stil geistlicher und weltlicher Macht des Mittelalters. Allmacht besagt allgewaltig, uneingeschränkte Machtfülle. So beinhaltet auch der Ausruf „Allmächtiger Gott!“ weniger Nähe und Vertrauen, viel eher erschreckendes Erstaunen, wenn nicht Entsetzen.

Viele mag das überraschen, aber die Bibel kennt den Ausdruck der „allmächtige Gott“ – nicht. Diese Vorstellung stammt nicht aus der Gedanken- und Sprachwelt der Bibel, sondern aus der Welt des heidnischen Umfelds. Für die Menschen in Israel, auch für Jesus, schien „allmächtig“ kein Wort zu sein, das ihr Verhältnis, ihre Beziehung zu Gott benennen könnte.

An Gottes Macht gab es für die Israeliten nicht den geringsten Zweifel. Aber was war das für eine Macht? – Im griechischen Urtext der Bibel ist die Rede vom

„pantokrator“, das heißt übersetzt: „Allerhalter“. Frühe griechische Glaubensbekenntnisse sprechen ebenfalls von Gott als „pantokrator“. Die lateinische Übersetzung „omnipotens – allmächtig“ in den Glaubensbekenntnissen sorgte dann sprachlich und theologisch für eine verhängnisvolle Verschiebung. Sie wurde für das Problem der so genannten „Theodizee“ – warum das Leid? – besonders belastend.

Gottes Macht im Sinne der Bibel besteht in seiner Zuneigung und Treue, in seiner Freundschaft und Liebe, die durch keine andere Macht besiegt oder zerstört werden kann. Seine Macht ist seine Liebe, von der uns nichts und niemand trennen kann, was auch immer passiert (Römer 8,31–39). Gott als „pantokrator“, als „Allerhalter“, ist der Gott, der uns erhält in alldem, was im Leben zwiespältig und widersprüchlich, was unbegreiflich oder gar sinnlos bleibt. Die göttliche Macht, die trägt, bewahrt und erhält – Gott lässt sich durch den Propheten Jesaja so charakterisieren:

„Hört auf mich, ihr vom Haus Jakob, und ihr alle, die vom Haus Israel noch übrig sind, die mir aufgebürdet sind vom Mutterleib an, die von mir getragen wurden, seit sie den Schoß ihrer Mutter verließen. Ich bleibe derselbe, so alt ihr auch werdet, bis ihr grau werdet, will ich euch tragen. Ich habe es getan, und ich werde euch weiterhin tragen, ich werde euch schleppen und retten“ (46,3–4). – Eine große göttliche Liebe mit einer großen Verheißung.

Gnädiger Gott?

Für wen ist Gnade heute noch ein Thema, ein Problem, eine Frage? Für den christlichen Glauben jedoch, für die Theologie und die Predigt ist der Begriff „Gnade“ unverzichtbar geworden. Vor allem Paulus hat sie sich zum Thema gemacht und breit entfaltet – als die freie Zuneigung Gottes, die der Mensch unerwartet und unverdient erfährt. Paulus sieht die Gnade Gottes am Werk – bei seiner Bekehrung vom unerbittlichen Christenverfolger zum glühenden Christusbekenner (Apostelgeschichte 9,1–22) und bei seiner Berufung zum Apostel (Galater 1,10–24). Die Gnade Gottes erkennt Paulus vor allem in der dem Glaubenden in Kreuz und Auferstehung erwirkten Gerechtigkeit, im vergebenden Handeln Gottes am sündigen Menschen.

Aber irgendwie haftet an „Gottes Gnadenwahl“ etwas Willkürliches. Der eine bekommt sie, der andere nicht. Dieser spürt sie, jener spürt nichts. Und solche Fragen halten sich hartnäckig, wenn man Folgendes bedenkt: Entfaltet Paulus geradezu eine Theologie der Gnade, so kommt gerade dieser so wichtige Begriff in der Verkündigung Jesu – soweit wir wissen – nicht vor. Warum gebraucht Jesus dieses Wort nicht? – Vielleicht deshalb, weil Gnade dem Verhältnis zwischen einem Mächtigen und einem Abhängigen entspricht? Jesus aber die Beziehung zwischen Gott und Mensch als Liebesverhältnis, als Vertrauensverhältnis ansieht?

Gnade ist in seiner Bedeutung – und da unterscheidet sich die weltliche Bedeutung nicht von der religiösen (althochdeutsch: „ganada“ = Wohlwollen, Gunst) – die Gunst eines Höhergestellten gegenüber einem Niedrigergestellten, gleich ob dieser ein Besiegter, ein Verurteilter oder irgendein Untergebener ist. Er ist darauf angewiesen, dass sich der Sieger, der Richter, der Herr huldvoll-wohlwollend zu ihm herablässt. Und dieser freut sich, wenn er noch mal gnädig davongekommen ist. Es fallen einem Wortverbindungen ein wie Gnadenakt, Gnadenbrot, Gnadenfrist. Und so ist der kleine Mensch auf Gnade angewiesen. So ganz im Stil mittelalterlich-feudalen Verhaltens.

Ob weltlich oder religiös, eine solche Vorstellung ist herablassend und gönnerhaft: Du tust mir ja so leid, dass du so anders bist als ich, so schwach und anfällig, so hilflos und niedrig. Moderne Menschen lehnen solche Vorstellungen ab. Das widerspricht dem heutigen Verständnis von Menschsein und Menschenwürde.

Das Äußerste, was Gott uns geben kann, ist seine Liebe, die sich als Gnade äußern mag. Doch jahrhundertelang hielt die christliche Theologie Gottes Gnade für weitaus bedeutender als Gottes Liebe.

Nochmals: Jesus gebraucht das Wort Gnade nicht. Er wusste offensichtlich um die missbräuchliche Verwendung. Gnädig sein bedeutet für ihn nach guter jüdischer Tradition „mitfühlen“: sich auf eine Ebene mit jemandem stellen, das Leiden eines anderen zum eigenen machen, mit anderen trauern, sich mit ihnen freuen. Mitfühlen: das solidarische Gefühl, verbunden zu sein, zusammenzugehören, hilfreich zur Seite zu stehen. So sieht Jesus seinen Gott. So will er auch die Menschen sehen. Entsprechend sein Appell: „Seid mitfühlend, wie auch Gott, euer Vater, mitfühlend ist!“ (Lukas 6,36).

Jesus Erlöser? – oder: Das Kreuz mit dem Kreuz

Dass Jesus am Kreuz sterben würde, das kam nicht überfallartig an jenem Karfreitag über ihn. Das zeichnete sich längst ab – zunehmendes Unverständnis selbst bei den eigenen Leuten, Ablehnung und Gegnerschaft, die Jesus von der religiösen und politischen Elite gegen sich erfahren hatte. Jesus hatte wohl das tragische Resultat jener Pilgerreise nach Jerusalem geahnt. Er musste gewusst haben, dass er sein Leben aufs Spiel setzte durch das, was er sagte und tat. Das Kreuz wurde für ihn zur unausweichlichen Konsequenz seines Lebens, das nach den Gesetzmäßigkeiten dieser Welt dermaßen provozierend und störend war, dass sie ihn vernichten „mussten". Der Kreuzestod Jesu kann nicht isoliert gesehen werden, sondern hängt eng zusammen mit seinem Reden und Wirken. Jesus wusste sich bis zuletzt seinem Gott und Vater und seinem Auftrag verpflichtet. Er war darauf vorbereitet durchzuhalten, komme, was da wolle.

Auch dass die dreimalige Ankündigung seines Todes auf Jesus zurückgehen würde, nimmt kein kaum ein Bibelwissenschaftler mehr an. Sie stammt aus der Feder des Evangelisten Markus und ist Teil seiner von ihm gestalteten Passionsgeschichte (8,31; 9,31; 10,33). In Jesu Reden gibt es keine Äußerung, die auf seinen Tod vorausblicken würde. So spricht auch nichts dafür, dass Jesus seinen Tod gedeutet hat. Vorstellungen von stellvertretender Sühne und Opfer widersprechen zutiefst dem Leben und Reden und Wirken Jesu. Sie kommen bei ihm schlichtweg nicht vor.

Das unterstreicht eine frühchristliche Theologie, die derzeit immer klarer erforscht wird und die es erlaubt, uns noch dichter dem historischen Jesus zu nähern. Es ist dies die so genannte „Logienquelle Q“, eine Sammlung und Komposition von Sprüchen, Worten und Reden Jesu. Diese einst schriftliche, uns allerdings nicht vorliegende Quelle benutzten und bearbeiteten die Evangelisten Matthäus und Lukas unabhängig voneinander für ihre Evangelien.
Der Bibelwissenschaftler Paul Hoffmann hat bei seinen Forschungen Neues, geradezu Revolutionäres entdeckt: Es ist dort nicht die Rede von Jesus, dem Christus, dem Messias, der für unsere Sünden gestorben ist, auch nicht von seinem Tod als Heilsereignis. Es ist nicht die Rede von einem Sühnetod Jesu, wohl aber von Jesu Tod als dem Geschick eines Propheten, der, wie vor ihm andere Propheten, nicht verstanden und abgelehnt wurde.
Spätere Deutungen des Kreuzestodes Jesu als Heilsereignis sind in der Auslegungs- und Wirkgeschichte aus der exklusiven Konzentration auf das Kreuz bei Paulus abgeleitet: „Ich hatte mich entschlossen, bei euch nichts zu wissen außer Jesus Christus, und zwar als den Gekreuzigten“ (1 Korinther 2,2). Und Paulus faltet das unmissverständlich aus: „Gott ... hat seine Liebe zu uns darin erwiesen, dass Christus für uns gestorben ist, als wir noch Sünder waren. Nachdem wir jetzt durch sein Blut gerecht gemacht sind, werden wir durch ihn erst recht vor dem Gericht Gottes gerettet werden. Da wir mit Gott versöhnt wurden durch den Tod seines Sohnes, als wir noch (Gottes) Feinde waren,

werden wir erst recht, nachdem wir versöhnt sind, gerettet werden durch sein Leben" (Römer 5,8–10).

Es ist meines Erachtens falsch, für die Sühnetheologie immer nur Anselm von Canterbury und seine Satisfaktionslehre verantwortlich zu machen, wie es häufig von kirchlicher Seite aus geschieht, um Paulus nicht kritisieren zu müssen. Anselms Theologie wäre ohne Paulus und den Hebräerbrief gar nicht denkbar gewesen.

Jesus am Kreuz – das war für jüdische Zeitgenossen ein Ärgernis, für das heidnische Umfeld eine Torheit (1 Korinther 1,18–31) und für die ersten Christen die größte Herausforderung in ihrem Glauben. Gekreuzigt werden, das bedeutete nach damaliger Vorstellung nicht nur die physische Beseitigung eines Menschen, sondern seine Vernichtung, die Auslöschung seiner Person. Gekreuzigt werden galt als äußerst schmachvoll und wegen der Nacktheit des Opfers geradezu als obszön.

Und was noch weit schlimmer war: Wer am Kreuz starb, der war aus damaliger Sicht von Gott verflucht. Und deshalb war es auch verboten, einen Gekreuzigten als Märtyrer zu verehren. Gründlicher kann man einen Menschen nicht aus dem Gedächtnis seiner Zeit tilgen. Dass Jesus so grausam und unehrenhaft sterben musste, das war für die ersten Christen das größte Problem, die erschütternde Urerfahrung. Das machte sie sprachlos. Und so verwundert es nicht, dass es in der frühen christlichen Zeit keine Kreuzesdarstellungen gab. Warum musste Jesus am Kreuz sterben? Diese Frage lastete auf der Urgemeinde. Aber auch viele Christen heute haben ihre Probleme damit, in einem Foltertod ein „Heilsereignis“ zu sehen, ja es sogar als Ausdruck der liebenden Hingabe des Gottessohnes an Gottvater zu begreifen. Und: Warum hat Gott demjenigen den Schandtod am Kreuz nicht erspart, der ihm doch so nahestand?

Es war Theologenarbeit, Jesu Tod sei nicht die tragische Konsequenz seiner neuen Gottesverkündigung gewesen, sondern ein Sühne- und Opfertod, den Gott gewollt und der Vergebung der Sünden bewirkt und Zugang zum ewigen Leben eröffnet habe.

Da darf man, muss man schon fragen – und dieses Problem der Deutung des Todes Jesu hat der Philosoph Friedrich Nietzsche in aller Deutlichkeit ausgesprochen: Wie konnte der Gott der Liebe von seinem vielgeliebten Sohn diesen entsetzlichen Tod verlangen? Ist so eine Vorstellung nicht sadistisch, denn welche Genugtuung konnte Gott dabei empfinden? Eine solche Vorstellung ist geradezu gotteslästerlich. Würde doch damit der Vater zum Mörder und der Sohn zum Selbstmörder. [16]

Und was verhängnisvoll noch hinzukommt: Der Tod Jesu wird in solchen Vorstellungen einem Zweck unterworfen, er wird funktionalisiert. Jesus musste sterben, um einen bestimmten Zweck zu erfüllen. Er musste sterben als Sühneopfer für die Sündenschuld der Welt. Das aber ist ein schreckliches Attentat auf die Würde des Menschen. Der Tod eines Menschen kann und darf auf gar keinen Fall einem Zweck unterworfen werden. Der Mensch hat eine einmalige Würde, und die hat er auch und gerade im Tod. Solche Vorstellungen sind also

auch ein totaler Angriff auf die Würde Jesu. Zudem stellen sie seine Lebensleistung in Frage. Und was ist das für eine Lebensleistung? Was ist der Sinn dieses einmaligen Lebens? Nach den Evangelien und der Apostelgeschichte ging Jesus „Wohltaten spendend" durchs Leben. Sein Leben war ein Erweis von Liebe, Güte und Vergebung bis zum Äußersten. Jesus hat das Kreuz weder gewollt noch gesucht. In der Konsequenz seines Lebens wurde er ans Kreuz abgedrängt.
Wäre die Vergebung erst durch den Sühne- und Opfertod Jesu am Kreuz bewirkt worden, dann wäre die Lebensleistung Jesu umsonst und ohne Bedeutung gewesen. Der Tod hat Jesu irdischem Leben nichts Größeres hinzugefügt, als er bis zu seiner Hinrichtung am Kreuz an sich hatte. Nein: Jesus ging seinen Weg der Liebe bis zur letzten Konsequenz, bis zum Tod am Kreuz. Nach dem Evangelisten Johannes stirbt Jesus mit dem Wort: „Es ist vollbracht!" (19,30). Er stirbt in dem Bewusstsein, dass er sein Ziel erreicht hat. Und dieses Ziel besteht in der Lebensgemeinschaft mit seinem Gott.
Bekräftigt werden diese Überlegungen vom griechischen Urtext des Neuen Testaments. Da gibt es die Begriffe: „sozo" = „retten" und „sotär" = „Retter".
Übersetzt man diese Wörter mit „erlösen" und „Erlöser" – dann schwingt da mit: Opfer, Sühne, stellvertretende Sühne, Genugtuung, loskaufen, einen Kaufpreis bezahlen, auslösen. Es gilt, einen zürnenden Gott umzustimmen und durch Opfer zu versöhnen. – Gott aber will keine Opfer, sondern Gotteserkenntnis und Liebe (Hosea 6,6).

Übersetzt man die griechischen Wörter „sozo“ und „sotär“ mit „retten“ und „Retter“ – dann entspricht das dem griechischen Empfinden, übrigens auch dem hebräischen Empfinden, und bedeutet: retten aus akuter Not und Lebensgefahr, bewahren, beschützen, nochmals davonkommen, glücklich und wohlbehalten heimkommen, wohltun; das innere Wesen eines Menschen, sein Menschsein erhalten.

Bei den Propheten und vor allem bei Jesus wird das vertieft: Gott errettet und befreit aus elenden und unheilen Zuständen – aus Hunger und Krankheit, aus Entbehrung und Verfolgung, aus Schuld. Das wird besonders deutlich durch die heilende Kraft, die von Jesus ausgeht; wenn er Menschen ihre Sünden vergibt und sie an die rettende Kraft des Glaubens erinnert. Diese Erfahrungen von Heil und Heilsein weisen auch in die Zukunft und beinhalten: gerettet werden in einem umfassenden Sinn; gerettet werden aus der Macht des Todes; berufen sein zur herrlichen Vollendung in Gottes neuer Schöpfung, im Reich Gottes. Wir sind gerettet – hinein in das Leben und in die Herrlichkeit Gottes!

In diesem Zusammenhang noch ein Denkanstoß. Man stelle sich vor, damals hätte nicht die entsetzliche Todesmaschinerie der Römer gegriffen, die Kreuzigung, sondern die ebenso grausame jüdisch-orientalische Bestrafungsszenerie, die Steinigung.

Immerhin konnte sich Jesus nach Auskunft des Evangelisten Johannes einige Male einem solchen Ansinnen seiner Gegner entziehen: Nach einem Streitgespräch „hoben die Juden wiederum Steine auf, um ihn zu steinigen“ (10,31). Jesus erinnert sie an die vielen guten Werke, die er im Auftrag seines Vaters getan hat, und fragt: „Für welches dieser Werke wollt ihr mich steinigen?“ (10,32). Ein andermal sind Jesu Jüngerinnen und Jünger besorgt um ihn: „Rabbi, eben noch wollten dich die Juden steinigen, und du gehst wieder dorthin (nach Judäa?“ (11,8).

Das Zeichen des christlichen Glaubens wäre dann nicht das „heilige Kreuz“ geworden, sondern möglicherweise der „heilige Stein“. Müsste nicht richtig gestellt werden, auch wenn es sich den Christen tief eingeprägt hat – nicht: „Im Kreuz ist Heil“, sondern: „In Gott ist Heil“, für alle Zeit und vor aller Welt offenbar geworden durch Jesus von Nazaret, den im Tod zu Gott auferweckten Christus?

Die „Satisfaktionslehre“ verfügt über keine Grundlage mehr. Dieses Gedankengebäude wird über kurz oder lang einstürzen. Das ergibt sich aus der Einsicht, dass das Licht, das der Sühnegedanke auf das Rätsel des Kreuzestodes Jesu zu werfen schien, mit einer Verdunkelung des Gottesbegriffs erkauft war. Erkauft mit dem Rückfall auf den von Jesus überwundenen Gott der rigorosen Strafgerechtigkeit, der auf unbedingter Genugtuung bestand und sich daher das Todesopfer des eigenen Sohnes abverlangen musste (Eugen Biser).

Ich bin sicher, dass dieses von der Theologie gemachte Konstrukt einmal der Vergangenheit angehört. Leicht wird das nicht sein, denn weder die Propheten noch Jesus konnten sich damit durchsetzen: „Liebe will ich, nicht Schlachtopfer“ (Hosea 6,6; Matthäus 9,13; 12,7). Jesu Gottesverkündigung und seine Lebenspraxis haben für Kirche und Theologie immer etwas Ärgerliches behalten. So ist es kein Zufall, dass Jesu Leben und seine Verkündigung von der unbedingten Liebe Gottes weder in den Paulusbriefen noch im Apostolischen Glaubensbekenntnis vorkommen.

An der Bösartigkeit der Welt hat sich zu jener dunklen Stunde an jenem Karfreitag nichts geändert. Die Welt änderte sich erst mit der Auferweckung Jesu vom Tod, die der liebende und gute Vater bewirkte. Was Gott mit Jesu Tod zu tun hat, kommt erst an Ostern zur Sprache. „Er ist auferstanden! Er ist wahrhaft auferstanden!" Die mit diesem Osterruf ausgesprochene Ostererfahrung begründet und trägt den christlichen Glauben. Und erst so ist uns das Wissen um Jesu Leben und Wirken und die revolutionäre Art, wie er von Gott geredet hat, erhalten geblieben. Ostern ist als Gottes Antwort auf die Gewalttat am Karfreitag zu verstehen. Und dadurch können wir Gott wieder als den feiern, der Jesus als den Liebhaber der Menschen und des Lebens bestätigt hat und auch in unserem Leben lebendig sein lässt. Der Glaube, dass Jesus nicht im Tod verschwunden ist, sondern in Geist und Liebe gegenwärtig ist, das ist und bleibt der Kern des Osterglaubens.

Ohne Ostern, ohne den Auferstehungsglauben wäre das historische Ereignis des Todes Jesu am Kreuz wohl eine unbedeutende Randnotiz der Geschichte geblieben. Erst nach Ostern wurde das Kreuz im Laufe der Zeit zum Zeichen der Auferstehung und des Lebens, zum Symbol des Sieges über den Tod.

Das Kreuz als Siegeszeichen sollte nicht triumphalistisch herausgestellt werden. Vielmehr lässt das „Wort vom

Kreuz“ Gott noch einmal anders denken als in den gewohnten Kategorien. Gott ist auch dort präsent, wo man ihn selten vermutet: im Verachteten und im Kleinen, im Ausgegrenzten, Verworfenen und Gescheiterten.

JESUS BEGEGNET ALS AUFERSTANDENER

„Wer tot ist, ist tot.“ Das ist unsere Erfahrung. Und nun soll da jemand vom Tod auferstanden sein. Die Auferstehung Jesu – das klingt auch noch nach zweitausend Jahren unglaublich. Und selbst unter Christen ist das nicht unumstritten. Wenn man Umfragen glauben darf, können sogar gläubige Zeitgenossen damit nichts anfangen. Und das mit der Auferstehung scheinen bereits recht früh etliche Christen geleugnet zu haben. Das erfährt man vom Apostel Paulus. In seinen Gemeinden hat es Leute gegeben, die behaupteten: „Eine Auferstehung der Toten gibt es nicht“ (1 Korinther 15,12). Geht man noch weiter zurück, so hatten selbst die Jüngerinnen und Jünger Jesu mit der Auferstehung ihre Schwierigkeiten. Dass Jesus nicht im Tod geblieben ist, das konnten sie nicht begreifen.
Interessant erscheint mir da ein Hinweis im Johannesevangelium. Danach hat sich Jesus nach seinem Tod seinen Freundinnen und Freunden zum wiederholten Mal oder, wie es dort heißt, „noch einmal“ als Lebender zu erkennen gegeben (21,1.14). Schaue ich die Ostergeschichten in den Evangelien näher an, dann fällt mir auf: Jesus begegnet den Seinen behutsam dort, wo sie gerade

sind – beim Fischen, im Garten, zuhause. Er zeigt sich ihnen in ihrem konkreten Lebensumfeld.
Dabei drängt er sich nicht auf, sondern lädt ein. Er überfällt sie nicht mit Forderungen, nicht zu zweifeln und endlich zu glauben. Nein, Jesus fühlt und empfindet mit ihnen. Und immer ermutigt er sie bei diesen Begegnungen: Fürchtet euch nicht! Habt Frieden! Ich bin bei euch.
Jesus bleibt bei all diesen Begegnungen diskret. Er setzt bei seinen Freundinnen und Freunden etwas in Bewegung und entzieht sich ihnen wieder. Er lässt sie in Freiheit mit ihren neuen Erfahrungen umgehen.
All diesen Begegnungen gemeinsam ist das: Jesu Jüngerinnen und Jünger machen eine für sie lebenswichtige Erfahrung: Jesus ist nicht im Tod geblieben. Er lebt!
Dass sich Jesus den Seinen „noch einmal“ und „noch einmal“ zu erkennen gibt, das macht auch mir Mut für meinen Glauben. Ich muss nicht ein für alle Mal sicher und fertig sein in meinem Glauben. Der kann durchaus – wie mein Leben auch – eine wechselvolle Geschichte haben. Es wäre schlimm, wenn ich mit meinen Fragen nach Gott, mit meinem Suchen und Zweifeln, mit den schweren und beglückenden Erfahrungen schon am Ende wäre. Und so möchte auch ich „noch einmal“ und „noch einmal“ glauben und vertrauen können.

Emmaus-Erfahrungen

Tot ist tot. Aus ist aus. Fertig, nichts weiter. Das ist die verzweifelte Stimmung seiner Gefährten gewesen, nachdem Jesus gekreuzigt worden war. Zwei von ihnen

haben Jerusalem verlassen und sich auf den Weg gemacht nach Emmaus, das sind 23 km. Jesus hat sie begleitet, aber sie haben ihn nicht erkannt. Erst nach einigen Gesprächen über die Bibel sind ihnen die Augen aufgegangen und sie haben ihren vom Tod auferstandenen Herrn erkannt. Und als sie später mit ihm zu Abend gegessen hatten. So weit die biblische Erzählung (Lukas 24,13–35).
Der niederländische Maler Rembrandt (1606–1669) greift in einer Radierung dieses gemeinsame Mahl auf. Jesus sitzt in der Mitte, sein Gesicht ist hell erleuchtet. Die beiden Jünger haben an den Tischenden Platz genommen. Ganz Aug und Ohr, was Jesus sagt und tut. Im Vordergrund taucht eine Gestalt auf zusammen mit einem kleinen Hund. Vielleicht hat sich Rembrandt selbst dargestellt. Wer auch immer – er schaut etwas verlegen, will aber nicht stören. Jesus blickt ihn liebevoll an, als ob er sagen möchte: Bleib bei uns, es ist schön hier. Vielleicht meint er auch Sie und mich. Diese Szene entspricht einem interessanten Hinweis im Evangelium. Es nennt nur einen der beiden Jünger mit Namen. Er heißt Kleopas. Und der andere? Der andere – ich nehme an, der sind Sie und ich.
Miteinander essen, das war damals keine harmlose Tätigkeit. Essen durfte nicht jeder mit jedem: kein Frommer mit einem Sünder, kein Jude mit einem Heiden, kein gesetzestreuer Theologe mit einem Kranken oder einer Dirne. Die Hausordnung einer geschlossenen Gesellschaft war streng: Nur wer linientreu, rechtgläubig und nach außen moralisch intakt war – der gehörte dazu. Alle anderen waren ausgeschlossen.

Jesus geht darüber hinweg. Er stellt die Vorstellungen einer geschlossenen Gesellschaft auf den Kopf. Jesus eröffnet mit seinen Mahlfeiern allen Menschen Zugang zu sich. Das sollten die Kirchen nicht vergessen, wenn sie oft krampfhaft an ihren „Hausordnungen" festhalten. Nicht die Kirchen haben Gastgeberrechte zu verteilen. Noch einmal: Gastgeber ist und bleibt Jesus Christus.

Das Emmausbild von Rembrandt bringt das sehr feinsinnig zum Ausdruck. Ich sehe darin einen Hinweis für die offene Gesellschaft, wie Jesus sie pflegt, offen für alle, die ihn suchen und brauchen – auch heute.

Den Frauen sei Dank

Das scheint reine Männersache gewesen zu sein. Da ist in den Evangelien von Erfahrungen die Rede, dass Jesus nach seiner Kreuzigung auferstanden ist, dass er lebt. Und es ist meist von Männern die Rede, die ihn nach der Auferstehung erkannt haben. Diese Männersicht hat sich auch in der Tradition der Kirchen hartnäckig gehalten.

Schaut man genauer in die Evangelien, dann verhält sich das ganz anders. Als sie von der Kreuzigung hörten, waren die Männer, einst Jesu Mitstreiter, vor lauter Angst in alle Richtungen geflohen.

Anders die Frauen. Sie hatten die Kraft und den Mut zu bleiben. Maria, die Mutter Jesu, Maria aus Magdala und andere Frauen waren bei ihm, als er öffentlich auftrat. Drei von ihnen waren auch in den schwersten Stunden bei Jesus. Sie standen unter dem Kreuz. Sie beobachte-

ten, wohin man seinen Leichnam gebracht hatte. Und sie kauften wohlriechende Öle, um den toten Jesus zu salben. So etwas tut man nur aus einer großen Liebe heraus.
Von dem französischen Schriftsteller François Mauriac (1885–1970) stammt ein Wort, das auf diese Frauen zutrifft: „Ich glaube an den, den ich liebe.“ Und sie machten eine Erfahrung, die ihnen zur Gewissheit wurde: „Jesus, unser Meister, lebt!“ Frauen waren demnach die ersten Botinnen der Auferstehung Jesu (Matthäus 28,8; Lukas 24,22; Johannes 20,17). Sie waren sich ihrer Sache so sicher, sie waren so erfüllt davon, dass sie zu den Jüngern gingen, um ihnen das mitzuteilen.
Dank der Botschaft der Frauen machten auch die Männer neue Erfahrungen, nachdem sie ihre anfängliche Skepsis und ihr Misstrauen abgelegt hatten. Und diejenigen, die Jesus einst verleugnet und verlassen hatten, die wandten sich wieder in Liebe ihrem auferstandenen Herrn zu. Den Frauen sei Dank für ihre Botschaft an die Männer. Eine Botschaft, deren Strahlkraft ungebrochen anhält. Das Geheimnis von Ostern ist die Liebe, die aufrichtet und etwas sehen lässt, was unbegreiflich ist. Und die Botschaft von Ostern möchte den Menschen die Augen auch dafür öffnen, dass am Ende nicht der Tod und das Nichts das letzte Wort haben, sondern die Liebe und das Leben.

Du, ich rufe dich bei deinem Namen

„Name ist Schall und Rauch.“ – Goethe hat das gesagt. Ich mag diesen Spruch nicht. Er passt in eine Welt, in

der wir nicht mehr mit Namen benannt, sondern mit Zahlen nummeriert werden. Braucht man sie nicht mehr, werden sie gelöscht.
Ganz anders klingt das: „Fürchte dich nicht ... ich habe dich beim Namen gerufen, du gehörst mir“ – so spricht Gott beim Propheten Jesaja im Alten Testament (43,1). Ich verstehe das so: Gott schenkt uns unsere Würde und Freiheit und schützt sie. Wir sind einmalig und unverwechselbar.
So hat Gott auch mich gerufen, als ich auf den Namen Michael getauft wurde und das im „Namen des Vaters und des Sohnes und des Heiligen Geistes“. Als Pfarrer habe ich schon viele Kinder und etliche Erwachsene getauft. Dieser Gedanke ist mir dabei stets wichtig: Gott ruft jede und jeden beim Namen. Wir sind nicht Schall und Rauch, keine anonymen Nummern. Wir sind von Gott angenommen und geliebt als unverwechselbares Du! Wenn Gott solche Achtung vor uns hat, sollten auch wir einander beim Namen nennen, mit Achtung und Respekt einander begegnen.
Was es bewirken kann, beim Namen gerufen zu werden, das steht in dieser wunderbaren Ostergeschichte aus dem Johannesevangelium (20,11–18): Maria von Magdala sucht den Leichnam Jesu im Grab. Sie ist todtraurig und völlig verstört. Irgendwer scheint den toten Körper ihres Herrn weggenommen zu haben. Sie kann ihn nicht mehr finden. Plötzlich spricht sie jemand an: „Maria!“ – Dieses Wort kommt von Herzen und geht zu Herzen. Sie dreht sich um und erkennt ihren Meister und Freund Jesus, den Auferstandenen.

Kein bombastischer Auftritt. Kein spektakulärer Überfall. Auch kein Appell, doch endlich zu glauben. Nein, ganz einfach: Du, ich rufe dich bei deinem Namen, „Maria!" Diese Begegnung macht sie zutiefst betroffen und ändert ihr Leben.
Jesus und Maria von Magdala – mir gefällt diese Begegnung. Wenn ich Erfahrungen im Glauben machen möchte, dann heißt das für mich: immer wieder zurückgreifen auf Jesus. Ihm in der Heiligen Schrift auf der Spur bleiben. Ich möchte an Jesus ablesen, wer Gott für mich ist und was er mit mir vorhat.

Die Chance des Zweifels

„Ich glaube nicht" – keine Sorge, Sie haben schon richtig gelesen. „Ich glaube nicht" – das sagt hier kein Atheist, auch keiner, der vom Glauben nichts hält. Das sagt der Apostel Thomas, der sprichwörtliche „ungläubige Thomas". Von ihm erzählt das Johannesevangelium (20,19–31).
Thomas, einer der Freunde Jesu, hat erhebliche Glaubenszweifel. Er gibt sich nicht einfach zufrieden mit der Behauptung seiner Mitapostel, dass Jesus vom Tod auferstanden ist. Er bohrt nach. Er möchte Gewissheit und verlangt nach Zeichen, die ihm das bestätigen.
Ich fühle mich bei Thomas in guter Gesellschaft. Denn Glaubenszweifel, die kenne ich auch. Und ich vermute, Sie auch. Wir tun uns schwer damit, so genannte Wahrheiten zu wiederholen, nur weil irgendwelche geistliche Autoritäten diese vorgesagt haben. Wir haben gelernt, uns des eigenen Verstandes zu bedienen – Gott

sei Dank. Aber die Sache mit der Auferstehung lässt sich nun mal nicht mit dem Verstand erklären.
Auf der anderen Seite ist unser Denken zwiespältig, begrenzt, einseitig. Das weiß auch der Apostel Thomas. Er verschanzt sich nicht hinter seinen Zweifeln. Er bleibt offen für neue Erkenntnisse und Erfahrungen. Er gewinnt Vertrauen und spürt, dass er mit einem „vorsichtig-offenen Ja“ der Wahrheit näherkommt als mit einem „kategorischen Nein“. In seinem Innern begegnet Thomas dem auferstandenen Jesus. Er vernimmt von ihm sogar eine Art Seligpreisung: „Selig sind, die nicht sehen und doch glauben!“
Ich bin überzeugt: Jesus sagt das auch zu uns. Ich jedenfalls höre es gerne. Mir zeigt die Begegnung des Thomas mit dem auferstandenen Jesus auch das: Die Bibel anerkennt den Zweifel als eine Möglichkeit, Gott zu erfahren. Vielleicht ist der Zweifel eine sehr tiefe Form, den Glauben ernst zu nehmen.
Ich denke an einen Glauben, der nicht einfach wiederholt, was andere vorgesagt haben. Also kein „Papageien-Christentum“ (Hans Küng). Ich verstehe darunter einen Glauben, der es mir möglich macht, mich zu öffnen für die unglaublich erscheinenden Dinge, um die es da geht. Ein Glaube, der mich in eine tiefe Gottverbundenheit hineinführen möchte und der zu einem Teil meines Lebensinhalts werden könnte. Ein Glaube, der mein Leben erneuern will, hin zu mehr Freiheit und Liebe und zu mehr Nachdenklichkeit

Das rechte Verstehen Jesu

„Der Heilige Geist ist für mich die Ausstrahlung, mit der Jesus auch heute viele Menschen fasziniert." Das sagt kein gescheiter Theologe, das sagt ein 15-Jähriger im Gespräch vor der Firmung. Das ist seine Antwort auf meine Frage, was er mit der Vorstellung vom Heiligen Geist verbindet.

Dabei erinnere ich mich an eine Vorlesung während meines Theologiestudiums in Tübingen vor 45 Jahren. Darin ergänzt der Professor für mich schlüssig die Aussage des Jugendlichen mit der Feststellung: „Der Heilige Geist bringt nichts Neues, sondern das rechte Verstehen Jesu." Diese persönliche Mitschrift habe ich bis heute aufbewahrt. [17]

Beide Aussagen – die des Jugendlichen und die des Professors – gehören für mich zusammen: sich bemühen, Jesus recht zu verstehen, und von Jesus fasziniert sein. Und das hat nach dem Zeugnis der Bibel mit dem Heiligen Geist zu tun. Und was kann ich dabei tun? Ich versuche immer wieder neu, Jesus in den Evangelien auf die Spur zu kommen, seinen Geist zu entdecken.

Jesus hat die Menschen damals fasziniert. Jesus fasziniert auch mich nach 2000 Jahren und auch immer wieder junge Menschen, wenn sie Sätze sagen wie diese: „Der Heilige Geist ist für mich die Ausstrahlung, mit der Jesus auch heute viele Menschen fasziniert."

Für mich liegt der Schlüssel zur Bedeutung Jesu in seinem Leben. In seinem Leben scheint das Licht auf, das mich auch heute an Gott glauben lässt. Und Jesus ist für mich derjenige, dem ich seinen Gott glaube.

ANMERKUNGEN

1 Wilhelm Willms, was die leute von IHM sagen,
aus: ders., roter faden glück. lichtblicke.
© 1974 Butzon & Bercker GmbH, Kevelaer, [5]1988, 2.21,
www.bube.de

2 © Christina M. Rupp.

3 In: Publik-Forum, Nr. 12 / 2007, S. 53.

4 © Verlag Herder, Freiburg.
Aus: Gott, der mich atmen lässt. Gebete.

5 Mutter Teresa – Komm, sei mein Licht,
herausgegeben und kommentiert von Brian Kolodiejchuk,
Pattloch Verlag, München 2007.

6 Jesus von Nazareth, Teil I, Verlag Herder, Freiburg i. Br.
[3]2007, S. 213.

7 Der Ruf der Freiheit, J. C. B. Mohr (Paul Siebeck),
Tübingen [4]1968, S. 52.

8 Übersetzt aus dem englischen von Dorothy Law Nolte.

9 Stationen des Glaubens, Insel-Bücherei Nr. 639,
Insel-Verlag, Wiesbaden 1956, S. 60.

10 Kurt Marti, als sie mit zwanzig.
In: Marti, Leichenreden.
© Nagel und Kimche im Carl Hanser Verlag, München 2003.

11 Hans Deidenbach, Begegnung und Heilung – Psychologie und Pädagogik in biblischen Geschichten, Fischer Taschenbuch Verlag, Frankfurt a.M. ^{2}1999, S. 143–144.

12 In: Publik-Forum, Nr. 5 / 2012, S. 58–61.

13 Michael Theobald, Das Herrenmahl im Neuen Testament. In: Theologische Quartalsschrift 183 (2003), S. 257–280.

14 Kurt Marti, wenn die bücher aufgetan werden.
In: Marti, Der Traum, geboren zu sein.
© Nagel und Kimche im Carl Hanser Verlag, München 2003.

15 Kurt Marti, Leichenreden.
© Nagel und Kimche im Carl Hanser Verlag, München 2003.

16 Eugen Biser, Nietzsche – Zerstörer oder Erneuerer des Christentums?
Darmstadt 2002, v. a. S. 92–129.

17 Herbert Leroy, Vorlesung zum Johannesevangelium, persönliche, private Mitschrift.

LITERATUR
zum Weiterlesen empfohlen

ALBUS, MICHAEL

Die unbekannte Religion –
Auf der Suche nach dem Christentum
Verlag Herder, Freiburg i. Br. 1997.

Geh und du wist sehen – Religion ist Erfahrung
Butzon & Bercker, Kevelaer 2012.

ARSONIADIS, VASILIOS · BROCH, MICHAEL

Der Charme des Ursprungs – Überlegungen zu biblischen
Begriffen im Geist des griechischen Urtextes
Warmbronner Anstöße 2007.

Keine Angst vor Gott
Lebenswelten – verwurzelt in der griechischen Sprache
Katholisches Bibelwerk, Stuttgart 2008.

Paulus ist nicht Jesus
AT Edition Berlin 2010.

BISER, EUGEN

Der Lebensweg Jesu – Eine Meditation
Patmos Verlag, Düsseldorf 2007.

Plädoyer für einen großherzigen Gott –
Michael Broch im Gespräch mit Eugen Biser
Katholisches Bibelwerk, Stuttgart 2006.

Keine Angst, glaube nur –
Das Eugen-Biser-Lesebuch, eingeleitet und hrsg. v. Michael Albus
Gütersloher Verlagshaus, Gütersloh 2008.

HAAG, HERBERT
Worauf es ankommt – Wollte Jesus eine Zwei-Stände-Kirche?
Verlag Herder, Freiburg i. Br. 1997.

HÄRING, HERMANN (HG.)
Der Jesus des Papstes – Passion, Tod und Auferstehung im Disput
LIT Verlag Dr. W. Hopf, Berlin 2011.

HALBFAS, HUBERTUS
Glaubensverlust – Warum sich das Christentum neu erfinden muss
Patmos Verlag der Schwabenverlag AG, Ostfildern 2011.

HEINZMANN, RICHARD · THURNER, MARTIN
Die Mitte des Christentums – Einführung in die Theologie Eugen Bisers
Wissenschaftliche Buchgesellschaft, Darmstadt 2011.

HOFFMANN, PAUL
Die verborgene Tradition der Wüsten-Wanderer
in: Publik-Forum, Nr. 4 / 2001, S. 26–28.

Die Spruchquelle Q, Studienausgabe Griechisch und Deutsch, hrsg. und eingeleitet von Paul Hoffmann und Christoph Heil, Wissenschaftliche Buchgesellschaft, Darmstadt 2002.

JÖRNS, KLAUS-PETER
Notwendige Abschiede – Auf dem Weg zu einem glaubwürdigen Christentum
Gütersloher Verlagshaus, Gütersloh 2004.

Mehr Leben, bitte! Zwölf Schritte zur Freiheit im Glauben
Gütersloher Verlagshaus, Gütersloh 2009.

Update für den Glauben
Gütersloh 2012

KÜNG, HANS
Was ich glaube
Piper Verlag, München 2009.

Jesus
Piper Verlag, München 2012.

LIMBECK, MEINRAD
„Das Reich Gottes ist da!“ (Mk 1,15) –
Der griechische Urtext und die Mitte der Botschaft Jesu
Katholisches Bibelwerk, Stuttgart 2000.

Christus Jesus, Der Weg seines Lebens – Ein Modell
Verlag Katholisches Bibelwerk, Stuttgart 2003.

Wie Glauben heute möglich ist – Eine Hinführung
Verlag Katholisches Bibelwerk, Stuttgart 2004.

Abschied vom Opfertod – Das Christentum neu denken
Grünewald Verlag, Ostfildern 2012.

LINDER, LEO G.
Das Unternehmen Jesus – Wahrheit und Wirklichkeit
des frühen Christentums
Fackelträger Verlag, Köln 2009.

SCHOLL, NORBERT
Jesus von Nazaret – Was wir wissen, was wir glauben können
Lambert Schneider Verlag, Darmstadt 2012.

ZINK, JÖRG
Das Evangelium – Hundert Tage mit Jesus
Kreuz Verlag, Stuttgart 1995.

AUTOR

Michael Broch, Rundfunkpfarrer und Beauftragter der Diözese Rottenburg-Stuttgart am SWR – bis zur Pensionierung 2013. Geboren 1943 in Ulm. Studium der katholischen Theologie in Tübingen und Freiburg. Journalistische Ausbildung für Theologen beim Institut zur Förderung Publizistischen Nachwuchses (ifp) in München.

Von 1975–1997 Pfarrer in Mössingen. Seit 1977 Verkündigungssendungen im SWF und SDR, jetzt SWR, sowie im DLF und DR Kultur. Seit 2009 Sprecher der Sendung „Wort zum Sonntag" in der ARD. Mitarbeit bei verschiedenen Zeitschriften und pastoralen Veröffentlichungen, verschiedene eigene geistliche Publikationen.

Mitglied der Europäischen Akademie der Wissenschaften und Künste, der Gesellschaft Katholischer Publizisten Deutschlands und der Christian-Wagner-Gesellschaft.

www.bibelwerk.de
ISBN 978-3-460-27173-9

Gestaltung: Finken & Bumiller, Stuttgart
Druck und Bindung: Made in Europe